Himmlisches Mousse

100 einfach zu befolgende Mousse-Rezepte, um Ihre Gäste zu beeindrucken und Ihre Naschkatzen zu befriedigen

Ute Martin

Urheberrechtliches Material ©2023

Alle Rechte vorbehalten

Kein Teil dieses Buches darf ohne die entsprechende schriftliche Zustimmung des Herausgebers und Urheberrechtsinhabers in irgendeiner Form oder auf irgendeine Weise verwendet oder übertragen werden, mit Ausnahme von kurzen Zitaten, die in einer Rezension verwendet werden. Dieses Buch sollte nicht als Ersatz für medizinische, rechtliche oder andere professionelle Beratung betrachtet werden.

INHALTSVERZEICHNIS

INHALTSVERZEICHNIS — 3
EINFÜHRUNG — 7
KLASSISCHES MOUSSE — 8

1. Haselnussmousse — 9
2. Rosa Limonadenmousse — 12
3. Schokoladen-Karamell-Mousse-Tiramisu — 14
4. Osterei-Mousse — 17
5. Weißes Schokoladenmousse und Kiwisauce — 19
6. Melonenmousse in Muskatwein — 22
7. Avocado- und Microgreen-Mousse — 24
8. Johannisbrotmousse mit Avocado — 26
9. Açaí-Schokoladenmousse — 28
10. Rübenmousse — 31
11. Schokoladenmousse — 33
12. Butternusskürbis-Mousse — 35
13. Geröstete Orangenmousse — 37
14. Mangomousse — 39
15. Mousse de Schokolade — 41
16. Doppelte Schokoladenmousse mit Eis — 43
17. Gefrorenes Ahornmousse — 46
18. Kaffeemousse — 48
19. Kaffeelikör-Mousse — 51
20. Erdbeer-Margarita-Mousse — 53
21. Cremiges Kürbismousse — 55
22. Zitronen-Käsekuchen-Frühstücksmousse — 57
23. Amaretto-Mousse — 59

24. Aprikosenmousse	61
25. Schwarzwälder Kirschmousse	63
26. Butter-Pekannuss-Mousse	65
27. Kirschmousse	67
28. Zitrusmousse	69
29. Foie Gras und Trüffelmousse	71
30. Blumen-Rum-Mousse	73
31. Florida Key-Limetten-Mousse	75
32. Grand-Marnier-Schokoladenmousse	77
33. Eiskaffee-Mousse	80
34. Marshmallow-Mousse	82
35. Toblerone-Mousse-Fondue mit Baiser	84
36. Entenlebermousse	87
37. Mandelmousse au Chocolate	89
38. Krabbenfleischmousse	91
39. Kakao-Cappuccino-Mousse	93
40. Krabben-Avocado-Mousse	95
41. Curry-Ei-Mousse	97
42. Dunkles und dichtes Schokoladenmousse	99
43. Dunkles Schokoladen-Himbeer-Mousse	101
44. Doppelte Pfirsichmousse	103
45. Eierlikörmousse	106
46. Elegante Mousse-Torte	108
47. Frisches Feigenmousse	111
48. Gefrorenes Kürbismousse	114
49. Schinkenmousse	116
50. Guavenmousse	118
51. Mousse-Torte à la Nektarine	120
52. Grapefruitmousse	124

53. Geröstete Haselnussmousse	126
54. Honig-Lavendel-Mousse	128
55. Jamaikanischer Moussekuchen	130
56. Kahlua-Mousse	132
57. Lauchmousse	134
58. Limettenmousse	136
59. Zitronen-Kirsch-Nuss-Mousse	138
60. Zitronenbuttermousse	141
61. Zitronenquark-Mousse	144
62. Zitronenmousse-Torte	146
63. Zitronen-Erdbeer-Mousse-Kuchen	148
64. Zitronen-Joghurt-Mousse	151
65. Limettenmousse-Torte	154
66. Macadamia-Rum-Mousse-Torte	156
67. Mango-Tango-Mousse	159
68. Ahornmousse	161
69. Ahorn-Walnuss-Mousse-Torte	163
70. Mousse a l'orange	165
71. Olivengarten-Himbeer-Mousse-Käsekuchen	167
72. Passionsfruchtmousse	170
73. Pfirsichmousse	172
74. Ananas-Orangen-Mousse	174
75. Pralinen-Kürbismousse	176
76. Königliches Camembert-Mousse	178
77. Mandarinenmousse und Variationen	180
78. Ananasmousse mit gerösteten Kokosraspeln	182

MOUSSE-BECHER   185

79. Vanille-Mousse-Becher	186
80. S'mores Schokoladenmoussebecher	188

81. Kaffee-Mousse-Tassen	190
82. Gesalzene Karamell-Moussebecher	193
83. Nutella-Mousse-Becher	195

MOUSSE-KUPPELN — 197

84. Erdbeer-Mousse-Kugeln mit Gebäckcreme-Einsatz	198
85. Orangen-Schokoladen-Mousse-Kugeln	203
86. Panna Cotta und Mango-Mousse-Kuchen	208
87. Mini-Blaubeermousse-Kuppel mit Spiegelglasur	211
88. Matcha-Mousse-Tarte-Dome	217

MOUSSE-KUCHEN UND TARTS — 220

89. Mint Chip Cheesecake Mousse	221
90. Red Velvet Cheesecake Mousse	224
91. Mini-Kakao-Mousse-Kuchen	227
92. Mäuse-Cupcakes	229
93. Erdbeer-Mousse-Torte aus weißer Schokolade	231
94. Mousse-Torte mit Oreo-Kruste	234
95. Weiche Cannoli mit Zitronenmousse	237
96. Kürbis-Hefe-Gugelhupf	240
97. Baileys gefrorener Schokoladenstückchen-Mousse-Kuchen	242
98. Baileys irische Sahne-Mousse-Torte	247
99. Baileys Schokoladenmousse	249
100. Baileys Mousse mit Vanille-Pizzelle	251

ABSCHLUSS — 253

EINFÜHRUNG

Eine Mousse ist ein herzhaftes oder süßes Gericht mit der Konsistenz eines dichten Schaums, bestehend aus einer pürierten Hauptzutat, gemischt mit steif geschlagenem Eiweiß, Schlagsahne oder beidem. Mousses sind fast immer kalte Gerichte und süße Mousses werden manchmal gefroren serviert. Herzhafte Mousses werden häufig aus Geflügel, Gänseleber, Fisch oder Schalentieren zubereitet und als erster Gang oder leichte Vorspeise gegessen. Sie können durch die Zugabe von Gelatine stabilisiert werden.

Schokoladenmousse gehört zu den bekanntesten Moussesorten und kann aus Schlagsahne oder geschlagenem Eiweiß unter Zusatz von Zartbitterschokolade und Zucker hergestellt werden. Schokoladen- und Mokka-Mousse werden manchmal auf Vanillepuddingbasis hergestellt. Für eine Fruchtmousse ersetzt püriertes Obst oder Saft die Milch in der Vanillesoße. Der Begriff Mousse wird auch für Gelatinendesserts verwendet, die nach dem teilweisen Festwerden zu Schaum geschlagen werden.

Mousse entstand im 18. Jahrhundert in Frankreich, wo das Wort Mousse mit „Schaum" übersetzt wird und die luftige Textur von Mousse beschreibt.

KLASSISCHES MOUSSE

1. <u>Haselnussmousse</u>

Ergibt: 10 Portionen

ZUTATEN:
KUCHEN
- 1 Tasse Allzweckmehl
- 1 Tasse Kristallzucker
- ¼ Tasse + 2 Esslöffel ungesüßtes Kakaopulver
- 1 Teelöffel Backpulver
- ½ Teelöffel Backpulver
- ½ Teelöffel Salz
- ½ Tasse heißer Kaffee
- ½ Tasse neutral aromatisiertes Öl
- ½ Tasse Vollmilch oder fettreduzierte Milch
- ½ Teelöffel Vanilleextrakt
- 1 großes Ei

SCHOKOLADEN-HASELNUSS-MOUSSE
- 1 ½ Tassen schwere Schlagsahne, kalt
- ¾ Tasse Schokoladen-Haselnuss-Aufstrich
- Topping-/Garniervorschläge
- Schokoladenspäne
- Schokoladenstreusel
- Ungesüßtes Kakaopulver
- Schlagsahne

ANWEISUNGEN:
KUCHEN VORBEREITEN
a) Heizen Sie den Ofen auf 325 °F vor und stellen Sie eine gefettete quadratische 8-Zoll-Backform oder eine runde 9-Zoll-Backform beiseite.
b) In einer großen Schüssel Allzweckmehl, Zucker, Kakaopulver, Natron, Backpulver und Salz verrühren. Beiseite legen.
c) In einer separaten Schüssel Kaffee, Öl, Milch, Vanille und Ei verquirlen.
d) Flüssige ZUTATEN zur Mehlmischung hinzufügen und verrühren, bis alles gut vermischt ist. Geben Sie den Teig in die vorbereitete Backform und backen Sie ihn etwa 30 bis 40 Minuten lang, bis ein in der Mitte hineingesteckter Zahnstocher sauber herauskommt. 15 Minuten in der Pfanne abkühlen lassen, dann zum vollständigen Abkühlen auf einen Rost legen.

MOUSSE ZUBEREITEN
e) Schlagsahne in einer großen Schüssel bei mittlerer bis hoher Geschwindigkeit schlagen, bis sich steife Spitzen bilden.
f) Den Schokoladen-Haselnuss-Aufstrich dazugeben und vorsichtig unterheben, bis alles gut vermischt ist und keine Streifen mehr vorhanden sind.
g) Falls gewünscht, die Mousse in einen Spritzbeutel füllen.

Kleinigkeiten zusammenbauen
h) Den abgekühlten Kuchen in mundgerechte Stücke schneiden.
i) Die Hälfte der Kuchenstücke auf die Servierplatten verteilen.
j) Die Hälfte der Mousse auf den Kuchen spritzen oder löffeln.
k) Mit restlichem Kuchen und Mousse belegen. Nach Wunsch garnieren.
l) Kleinigkeiten müssen bis zum Servieren gekühlt aufbewahrt werden.

2. Rosa Limonadenmousse

Ergibt: 4 Portionen

ZUTATEN:
- 2 Teelöffel Zitronenschale, fein gerieben
- 1 Tasse Schlagsahne
- 1¼ Tasse Zucker
- 1 Teelöffel Zitronenextrakt
- Rosa Lebensmittelfarbe
- Essbare Blüten zum Garnieren

ANWEISUNGEN:

a) Die Schüssel bis zur Verwendung im Gefrierschrank abkühlen lassen.
b) In einer gekühlten Schüssel alle Zutaten aufschlagen, bis sie leicht und locker sind.
c) In Stielgläsern servieren und mit essbaren Blüten Ihrer Wahl garnieren.

3. Schokoladen-Karamell-Mousse-Tiramisu

Macht: 12

ZUTATEN:
- 400 g dunkle Schokolade, gehackt
- 400 g Milchschokolade, gehackt
- 6 Eier, getrennt
- 1 ½ Titangelatineblätter, 5 Minuten in kaltem Wasser eingeweicht
- 900 ml eingedickte Sahne
- 2 Teelöffel Vanilleschotenpaste
- ½ Tasse Puderzucker
- 1 Tasse Kaffeelikör
- 400g Löffelbiskuits
- Kakao, zu Staub

KARAMELLMOUSSE
- 800 ml eingedickte Sahne
- 2 Titangelatineblätter, 5 Minuten in kaltem Wasser eingeweicht
- 2 x 250-g-Gläser im Laden gekauftes Dulce de Leche, leicht geschlagen, um es aufzulockern

ANWEISUNGEN:

a) Geben Sie die Pralinen in eine hitzebeständige Schüssel über einem Topf mit siedendem Wasser und rühren Sie, bis sie geschmolzen und glatt sind. Etwas abkühlen lassen und dann mit dem Rühraufsatz in einen Standmixer geben.

b) Eigelb unterrühren.

c) 300 ml Sahne in einen kleinen Topf geben und bei schwacher Hitze köcheln lassen. Überschüssiges Wasser aus der Gelatine ausdrücken und in die Creme einrühren, bis sie geschmolzen und vermischt ist. In 3 Portionen unter die Schokoladenmischung rühren, bis eine glatte Masse entsteht. In eine große, saubere Schüssel umfüllen.

d) Restliche 600 ml Sahne mit Vanille steif schlagen. Kühlen.

e) Geben Sie das Eiweiß mit dem Schneebesenaufsatz in eine Küchenmaschine und schlagen Sie es zu steifem Schnee. Fügen

Sie jeweils einen Esslöffel Zucker hinzu und schlagen Sie, bis sich die Mischung aufgelöst hat und eine glänzende Konsistenz erhält.

f) Die Schlagsahne zu einer Schokoladenmischung verrühren und dann in zwei Portionen das geschlagene Eiweiß unterheben. Bis zum Zusammenbau kalt stellen.

g) Für die Karamellmousse 200 ml Sahne in einen kleinen Topf geben und bei schwacher Hitze köcheln lassen. Überschüssiges Wasser aus der Gelatine ausdrücken und in die Creme einrühren, bis sie geschmolzen und vermischt ist. Etwas abkühlen lassen. Geben Sie die restlichen 600 ml Sahne in eine Küchenmaschine mit Schneebesenaufsatz und schlagen Sie sie zu weichen Spitzen auf. Die gelöste Mischung aus Dulce de Leche und Gelatine unterheben, bis alles gut vermischt ist. 30 Minuten kalt stellen.

h) Kaffeelikör in eine breite Schüssel geben. Tauchen Sie die Hälfte der Löffelbiskuits in Likör und legen Sie sie in einer doppelten Schicht auf den Boden einer 6-Liter-Servierschüssel. Die Hälfte der Schokoladenmousse darauf verteilen. Die restlichen Kekse in Likör tauchen und doppelt auf der Mousse verteilen. Mit Karamellmousse belegen und die Oberfläche mit einem Spachtel glatt streichen. 2-3 Stunden im Kühlschrank lagern, bis es fest ist. Geben Sie die restliche Schokoladenmousse in einen Spritzbeutel mit einer 1 cm großen Lochtülle und stellen Sie sie bis zur Verwendung in den Kühlschrank.

i) Die restliche Schokoladenmousse über die Karamellmousse spritzen. 4-5 Stunden oder über Nacht im Kühlschrank lagern, bis es fest ist. Zum Servieren mit Kakao bestäuben.

4. Osterei-Mousse

Ergibt: 4 Portionen

ZUTATEN:
- 8 x 25g Schokoriegel
- 25g Butter
- 75g Freedom Marshmallows
- 30 ml Wasser
- ½ Teelöffel Vanilleextrakt
- 140 ml Doppelrahm

ANWEISUNGEN:

a) Drei der Schokoriegel in einer hitzebeständigen Schüssel über einem Topf mit siedendem Wasser schmelzen.

b) Die Eihälften aus den Formen nehmen und wieder in den Kühlschrank stellen.

c) Geben Sie die restlichen Schokoriegel, Butter, Marshmallows und Wasser in einen kleinen Topf.

d) Bei schwacher Hitze kochen und gut umrühren, bis die Mischung eine glatte Konsistenz hat. Vom Herd nehmen und abkühlen lassen.

e) Den Vanilleextrakt zur Sahne hinzufügen und verrühren, bis sich feste Spitzen bilden

f) Die geschlagene Sahne vorsichtig unter die glatte Schokoladenmasse heben und gleichmäßig auf die Ostereiformen verteilen.

5. Weiße Schokoladenmousse und Kiwisauce

Ergibt: 4 Portionen
ZUTATEN:
- 1½ Gelatineblätter
- 7 Unzen weiße Schokolade
- 1 Ei
- 3 Kiwis
- Zitronenscheiben
- Geschnittene Erdbeeren oder Kiwi
- 1 Eigelb
- 1 Esslöffel Cointreau oder Grand Marnier
- 10 Unzen Sahne
- Fruchtscheiben mit Puderzucker

ANWEISUNGEN:

a) Die Gelatineblätter 10 Minuten lang in kaltem Wasser einweichen, damit sie weich werden. Die Schokolade in einer hitzebeständigen Schüssel über einem Topf mit heißem, aber nicht kochendem Wasser schmelzen. Abkühlen lassen, aber nicht fest werden lassen.

b) Ei und Eigelb in einer Edelstahlschüssel über einem Topf mit heißem, aber nicht kochendem Wasser schlagen, bis die Masse eingedickt ist. Drücken Sie die Gelatineblätter aus und rühren Sie sie in die warme Eimischung, bis sie geschmolzen ist. Während des Rührens abkühlen lassen.

c) Fügen Sie der Mischung nach und nach die geschmolzene Schokolade hinzu, bis die Mischung glatt und gleichmäßig ist. Den Likör einrühren.

d) Die Sahne dick schlagen und vorsichtig unter die Schokoladenmasse heben.

e) Die Mousse für 2 Stunden in den Kühlschrank stellen, bis sie fest geworden ist.

f) In der Zwischenzeit die Soße zubereiten. Schälen Sie die Kiwis und pürieren Sie sie in einem Mixer oder einer Küchenmaschine. Bei Bedarf Puderzucker nach Geschmack hinzufügen.

g) Halten Sie die Soße bis zum Servieren kalt.

h) Etwas Soße auf 4 einzelne Gerichte gießen. Aus der Mousse mit zwei warmen Esslöffeln eiförmige Kugeln formen und diese auf die Soße legen.

i) Mit ein paar Zitronenblättern, geschnittenen Erdbeeren oder Kiwischeiben garnieren.

6. Melonenmousse in Muskatwein

Ergibt: 6 Portionen

ZUTATEN:
- 11 Unzen Melonenfleisch
- ½ Tasse süßer Muskatwein
- ½ Tasse) Zucker
- 1 Tasse Sahne
- ½ Tasse) Zucker
- ½ Tasse Wasser
- Verschiedene Früchte
- 1½ Esslöffel Gelatine
- 2 Eiweiß
- 2 Tassen süßer Muskatwein
- 1 Zimtstange
- 1 Vanilleschote

ANWEISUNGEN:
a) Das Melonenfleisch in einem Mixer zu einem glatten Püree verarbeiten.
b) Gelatine und ½ Tasse Muskatwein in einen kleinen Topf geben und zum Kochen bringen. Dabei gut vermischen, um sicherzustellen, dass sich die Gelatine vollständig auflöst. Die Gelatinemischung zur pürierten Melone geben und gut vermischen. Über eine Schüssel voller Eiswürfel stellen.
c) In der Zwischenzeit das Eiweiß aufschlagen und dabei nach und nach den Zucker hinzufügen, bis eine dicke Masse entsteht. Die Mousse in eine Schüssel geben.
d) Für die Soße Zucker und Wasser in einen mittelgroßen Topf geben, zum Kochen bringen und bei schwacher Hitze kochen, bis die Sauce eindickt und goldbraun wird. Fügen Sie 2 Tassen Muskatwein, Zimtstange, Vanilleschote und einen Streifen Orangenschale hinzu. Kochen.

7. Avocado- und Microgreen-Mousse

Macht: 3

ZUTATEN:
- 2 großzügige Handvoll milde Microgreens + mehr zum Garnieren
- 1 Avocado
- 2 Esslöffel Zitronensaft
- 1 Tasse Milch jeglicher Art
- 1 Banane
- 1 Tasse Ananasstücke
- 1 Esslöffel Lein- oder Chiasamen
- 1 Esslöffel Zucker oder Honig nach Geschmack

ANWEISUNGEN:
a) Alle Zutaten glatt rühren.
b) Auf einem Dessertteller servieren.
c) Mit Microgreens garnieren.

8. Johannisbrotmousse mit Avocado

Ergibt: 1 Portion

ZUTATEN:
- 1 Esslöffel Kokosöl, geschmolzen
- ½ Tasse Wasser
- 5 Termine
- 1 Esslöffel Johannisbrotpulver
- ½ Teelöffel gemahlene Vanilleschote 1 Avocado
- ¼ Tasse Himbeeren, frisch oder gefroren und aufgetaut

ANWEISUNGEN:
a) Wasser und Datteln in einer Küchenmaschine vermischen.
b) Kokosöl, Johannisbrotpulver und gemahlene Vanilleschote untermischen.
c) Fügen Sie die Avocado hinzu und mischen Sie sie einige Sekunden lang.
d) Mit Himbeeren in einer Schüssel servieren.

9. Açaí-Schokoladenmousse

Ergibt: 4 Portionen

ZUTATEN:
- 100 g zuckerfreie dunkle Schokoladenstückchen
- 175g Datteln, entkernt
- 5 Eiweiß
- 3 Teelöffel Kokosblütenzucker
- ¼ Tasse Açaí-Pulver
- 2 Tassen griechischer/Naturjoghurt
- 2 EL Kokoswasserpulver
- 3 Esslöffel Honig

BELAG:
- Kokosnussflocken
- Blaubeeren/Himbeeren

ANWEISUNGEN:

a) Datteln in einen Topf geben und mit Wasser bedecken. Zum Kochen bringen und dann unter gelegentlichem Rühren köcheln lassen, bis die Datteln sehr weich sind.

b) Schokolade in einer hitzebeständigen Schüssel über einem Topf mit kochendem Wasser schmelzen. Etwas abkühlen lassen.

c) Datteln und restliche kochende Flüssigkeit in einer Küchenmaschine glatt rühren. Abkühlen lassen, Schokolade hinzufügen und verrühren, bis alles gut vermischt ist.

d) Joghurt, Açaí-Pulver und Honig in einer Schüssel vermischen, bis alles gut vermischt ist.

e) Eiweiß in einer sehr sauberen, trockenen Schüssel schlagen, bis es weiß und steif ist. 1 Teelöffel Kokosnusszucker hinzufügen und eine Minute lang schlagen, den restlichen Kokosnusszucker hinzufügen und schlagen, bis das Eiweiß glänzt.

f) Zum Auflockern einen kleinen Löffel Eiweiß-Dattel-Mischung hinzufügen und dann vorsichtig ⅓ des Eiweißes unterheben.

g) Gießen Sie eine dünne Schicht Schokoladen-Dattelmischung in jede Tasse und stellen Sie sie 15 Minuten lang in den Kühlschrank.

h) In der Zwischenzeit das restliche Eiweiß vorsichtig unter die Açaí-Mischung heben. Auf Tassen verteilen und für mindestens eine Stunde in den Kühlschrank stellen.

i) Mit frischen Blaubeeren, Kokosflocken, Nüssen oder Toppings Ihrer Wahl servieren!

10. Rübenmousse

Ergibt: 1 Portion

ZUTATEN:
- 3 mittelgroße Rüben; Auf der Haut gekocht
- 2½ Tasse Hühnerbrühe
- 2 Packungen geschmacksneutrale Gelatine
- 1 Tasse geschmacksneutraler Joghurt
- 2 Esslöffel Zitronen- oder Limettensaft
- 1 kleine geriebene Zwiebel
- 1 Esslöffel Zucker
- 1 Esslöffel Senf
- Salz und Pfeffer; schmecken

ANWEISUNGEN:
a) Rote Bete schälen und würfeln.
b) Gelatine in eine Schüssel mit 6 T Wasser geben und umrühren. 2 Minuten stehen lassen und unter Rühren mit heißer Hühnerbrühe aufgießen.
c) Alle Zutaten außer Gelatine vermischen. Richtige Würze.
d) Abgekühlte Gelatine hinzufügen und vermischen.
e) In eine geölte Form gießen, bis der Grad 6 erreicht ist. Aus der Form nehmen und in der Mitte des Tellers servieren, umgeben von Hähnchen-Curry-Salat oder Garnelensalat

11. Schokoladenmousse

Ergibt: 2 Portionen

ZUTATEN:
- 4 Unzen Mandelmilch
- 2 Esslöffel Kakaoprotein-Superfood-Mischung
- 3 Stücke Kokosnussfleisch
- 4 Termine
- 1 Esslöffel Kokosbutter
- ½ Avocado
- 1 Esslöffel Erdnussbutter, pulverisiert
- 2 Esslöffel Kokosflocken
- 1 Teelöffel Ashwagandha
- ½ Teelöffel Perlenpulver
- ½ Teelöffel rosa Himalaya-Meersalz
- ½ Teelöffel Kurkumapulver
- 1 Esslöffel Manuka-Honig
- 2 Tropfen Stevia

ANWEISUNGEN:
a) Alle Zutaten in einem Mixer vermischen.
b) Mit frischem Obst, Erdbeeren, Goji-Beeren, Müsli und Kokosflocken garniert servieren.

12. Butternusskürbis-Mousse

Ergibt: 4 Portionen

ZUTATEN:
- 2 Tassen Butternusskürbis, geschält und gewürfelt
- 1 Tasse Wasser
- 1 Teelöffel Zitronensaft
- 1 Tasse Cashewnüsse oder Pinienkerne
- 4 Datteln – entkernt und entstielt
- ½ Teelöffel Zimt
- 1 Teelöffel Muskatnuss
- 2 Teelöffel Bio-Vanilleextrakt

ANWEISUNGEN:
a) Alle Zutaten in einen Mixer geben und etwa 5 Minuten lang mixen, bis alles gut vermischt ist.
b) In einzelne Servierbecher oder eine große Servierschüssel füllen.
c) Das Ganze kann über Nacht im Kühlschrank aufbewahrt werden, dann vermischen sich die Aromen und es wird noch würziger.
d) Vor dem Servieren mit Ahornsirup beträufeln.

13. Geröstete Orangenmousse

Ergibt: 4–6

ZUTATEN:
- 2 große Orangen, Schale abgeschält
- 2 Tassen Puderzucker
- 1¼ Tassen Sahne
- 1 Tasse Naturjoghurt
- 2 Quadrate dunkle Schokolade, gehobelt

ANWEISUNGEN:

a) Jede Orange einzeln folieren und auf ein Tablett legen.
b) Schieben Sie das Blech in den Holzofen, schließen Sie die Tür und lassen Sie es 8–10 Stunden ruhen.
c) Geben Sie die Orangen und den Zucker in eine Küchenmaschine und pürieren Sie alles, bis eine glatte Masse entsteht.
d) Gießen Sie die Orangenmischung auf ein Sieb über einer Schüssel, drücken Sie sie mit einem Löffel durch und entfernen Sie alle kernigen Stücke.
e) Geben Sie die Sahne in eine separate Rührschüssel, sobald die Orangenmischung abgekühlt ist.
f) Den Joghurt und die Sahne unterheben und ein wenig hin und her schwenken, damit die Orangenschicht sichtbar wird.
g) Auf einen Servierteller geben. Etwa eine Stunde lang oder bis es fest ist im Kühlschrank lagern.
h) Mit geraspelter Schokolade garnieren.

14. <u>Mango Mousse</u>

ZUTATEN:
- 3 Pfund reife Mangos, geschält
- 11/2 Tassen Schlagsahne
- 2 Eiweiß
- 2 Esslöffel Limettensaft
- 1 Tasse Zucker
- 2 Packungen Gelatine
- 1/2 Tasse heißes Wasser

ANWEISUNGEN:

a) Die Mangos in einem Mixer oder einer Küchenmaschine pürieren – anschließend abseihen, wenn sie noch faserig sind

b) Die Sahne in eine kleine Rührschüssel füllen und für 10 Minuten in den Gefrierschrank stellen. Das Eiweiß steif schlagen

c) Schlagen Sie die Sahne, bis sie ihren Höhepunkt erreicht, und stellen Sie sie in den Kühlschrank

d) Die Gelatine in etwas kaltem Wasser einweichen, dann Gelatine und Zucker in 1/2 Tasse heißem Wasser auflösen. Zum Mangopüree in einer Rührschüssel zusammen mit Limettensaft und Zucker nach Geschmack hinzufügen. Die Menge an Zucker und Limette hängt von der Säure der Mango und dem persönlichen Geschmack ab

e) Eiweiß, Sahne und Mango unterheben, bis alles gut vermischt ist. In Servierschalen füllen und 6 Stunden lang in den Kühlschrank stellen

15. Mousse de Schokolade

Ergibt: 10 Vierteltasse-Portionen

ZUTATEN:
- 1 Pfund seidener oder weicher Tofu
- 1 Teelöffel Vanilleextrakt
- 1 Esslöffel Honig
- 3/4 Teelöffel reines Ancho-Chilipulver 1/8 Teelöffel Salz
- 1/4 gehäufter Teelöffel Zimt
- 5-1/4 Unzen dunkle Schokolade, in sehr kleine Stücke geschnitten
- 3 Esslöffel Kahlua, Grand Marnier, Cointreau oder Triple Sec, oder alternativ Orangensaft

ANWEISUNGEN:
a) Geben Sie Tofu, Vanille, Honig, Chilipulver, Salz und Zimt in die Schüssel einer Küchenmaschine mit Stahlmesser.
b) Stellen Sie eine Edelstahlschüssel über einen kleinen bis mittelgroßen Topf mit kochendem Wasser. Schokolade und Likör oder Orangensaft in den Topf geben und häufig mit einem Holzlöffel umrühren, bis die Schokolade vollständig geschmolzen ist (1–2 Minuten).
c) Geben Sie die Schokoladenmischung in die Küchenmaschine und verarbeiten Sie sie mit den anderen Zutaten 1 Minute lang. Halten Sie dabei bei Bedarf an, um die Seiten der Schüssel abzukratzen. Gießen Sie die Mischung in eine große Schüssel oder in separate kleine Servierschalen.
d) Mit Plastikfolie abdecken und mehrere Stunden kalt stellen.

16. Geeiste doppelte Schokoladenmousse

Ergibt: 6 Portionen

ZUTATEN:
- 3 bis 4 Esslöffel sehr heiße Milch
- 1/4-Unze-Umschlag geschmacksneutrale Gelatine
- 1 1/2 Tassen weiße Schokoladenstücke
- 4 Esslöffel ungesalzene Butter
- 2 große Eiweiße
- 1/2 Tasse feinster Zucker
- 1/2 Tasse fein gehackte dunkle Schokolade
- 1/2 Tasse Sahne, leicht geschlagen
- 1/2 Tasse Joghurt nach griechischer Art
- 18 mit Schokolade überzogene Kaffeebohnen oder Rosinen
- 1 Teelöffel ungesüßtes Kakaopulver, gesiebt

ANWEISUNGEN:

a) Streuen Sie die Gelatine auf die heiße Milch und rühren Sie um, bis sie sich auflöst.
b) Bei Bedarf 30 Sekunden lang in der Mikrowelle erhitzen, damit es sich besser auflöst. Weiße Schokolade und Butter vorsichtig schmelzen, bis eine glatte Masse entsteht. Die aufgelöste Gelatine einrühren und zum Abkühlen beiseite stellen, aber nicht wieder fest werden lassen.
c) Das Eiweiß steif schlagen, dann nach und nach den Zucker einrieseln lassen und die Zartbitterschokolade unterheben.
d) Die abgekühlte weiße Schokolade, die Schlagsahne, den Joghurt und das Eiweiß vorsichtig unterheben. Geben Sie die Mischung in sechs einzelne Formen oder eine große Form, die zum leichteren Entformen mit Plastikfolie ausgelegt ist. Glätten Sie die Spitzen sorgfältig. Abdecken und 1 bis 2 Stunden oder über Nacht einfrieren.
e) Zum Servieren die oberen Ränder mit einem kleinen Messer lösen. Drehen Sie jede Form um, stellen Sie sie auf einen Servierteller und wischen Sie sie mit einem heißen Tuch ab oder lösen Sie die Mousse vorsichtig mit der Plastikfolie.
f) Stellen Sie die Mousse bis zum Verzehr wieder in den Gefrierschrank.
g) Mit schokoladenüberzogenen Kaffeebohnen oder Rosinen und einer leichten Prise Schokoladenpulver servieren.

17. Gefrorenes Ahornmousse

Ergibt: 6 Portionen

ZUTATEN:
- 3/4 Tasse echter Ahornsirup
- Eigelb, gut geschlagen
- 2 Tassen Schlagsahne, steif geschlagen

ANWEISUNGEN:

a) Den Sirup oben im Wasserbad erhitzen. Geben Sie etwas Sirup zum Eigelb und rühren Sie dann das Eigelb in den Sirup. Unter ständigem Rühren kochen, bis die Masse eingedickt ist. Vom Herd nehmen und gründlich abkühlen lassen.

b) Die Mischung unter die Schlagsahne heben.

c) In Formen oder Dessertgläser füllen, gekühlt oder gefroren servieren.

18. Kaffeemousse

Macht: 4

ZUTATEN:
- 2 1/2 Esslöffel Puderzucker
- 4 Eier
- 3/4 Tasse + 2 Esslöffel Sahne
- 3 Esslöffel Instantkaffeepulver
- 1 Esslöffel ungesüßtes Kakaopulver
- 1 Teelöffel Gelatinepulver
- 1 Esslöffel Instantkaffeepulver und Kakaopulver, gemischt – optional, zum Abschluss der Mousse

ANWEISUNGEN:

a) Eigelb und Eiweiß trennen. Geben Sie das Eigelb in eine große Schüssel und das Eiweiß in die Schüssel Ihres Mixers. Beiseite legen.

b) Geben Sie das Gelatinepulver in eine kleine Schüssel mit kaltem Wasser, vermischen Sie es und stellen Sie es zum Einweichen beiseite.

c) Den Puderzucker zum Eigelb geben und verrühren, bis die Masse schaumig und heller ist.

d) Geben Sie die Sahne, das Instantkaffeepulver und das Kakaopulver in einen kleinen Topf und erhitzen Sie ihn bei schwacher Hitze, bis sich die Pulver aufgelöst haben, dabei gelegentlich umrühren. Lassen Sie die Sahne nicht kochen.

e) Die heiße Sahne unter Rühren über das Eigelb und den Zucker gießen. Gut verquirlen und dann bei schwacher Hitze zurück in den Topf geben. Rühren Sie weiter, bis die Sahne einzudicken beginnt, nehmen Sie sie dann direkt vom Herd und geben Sie sie zurück in eine große, saubere Schüssel.

f) Die rehydrierte Gelatine zur Sahne geben und gut verrühren, bis sie vollständig eingearbeitet ist. Zum vollständigen Abkühlen beiseite stellen.

g) Während die Sahne abkühlt, beginnen Sie mit dem Schlagen des Eiweißes, bis eine steife Masse entsteht.

h) Wenn die Sahne abgekühlt ist, das geschlagene Eiweiß vorsichtig drei bis vier Mal unterheben. Versuchen Sie, die Creme nicht zu stark zu verwenden.

i) Gießen Sie die Kaffeemousse in einzelne Tassen oder Gläser und stellen Sie sie für mindestens 2 Stunden in den Kühlschrank.

j) Optional: Streuen Sie zum Servieren etwas Instantkaffeepulver und Kakaopulver über die Mousses, um sie zu vervollständigen.

19. Kaffee-Likör-Mousse

ZUTATEN:
- 4 Eier, getrennt
- 1/4 c Kaffeelikör
- 1/4 c Ahornsirup
- 1/8 c Cognac
- 1 Tasse Wasser
- 1 Tasse Schlagsahne

ANWEISUNGEN:

a) In einem Mixer oder mit einem elektrischen Rührgerät Eigelb, Ahornsirup und Wasser verrühren. In einen Topf geben und zum Kochen bringen. Vom Herd nehmen und Kaffeelikör und Cognac hinzufügen. Kühlen.
b) Sahne und Eiweiß schlagen, bis sich weiche Spitzen bilden.
c) Vorsichtig unter die gekühlte Likörmischung heben.
d) In Demitasse-Gläser füllen und 2 Stunden kalt stellen.

20. Erdbeer-Margarita-Mousse

Ergibt: 5 Portionen

ZUTAT:
- 4 Tassen ganze Erdbeeren, geschält
- 1 Tasse Zucker
- 3 Esslöffel kochendes Wasser
- 4 Teelöffel geschmacksneutrale Gelatine
- ¼ Tasse Tequila
- 1 Esslöffel Triple Sec oder ein anderer Likör mit Orangengeschmack
- 2 Tassen fettarmer Naturjoghurt

ANWEISUNGEN:
a) Erdbeeren in einen Mixer geben und glatt rühren.
b) In eine große Schüssel gießen; Zucker einrühren. Abdecken und 30 Minuten stehen lassen, dabei gelegentlich umrühren.
c) Kochendes Wasser und Gelatine in einer kleinen Schüssel vermischen. Unter ständigem Rühren 5 Minuten stehen lassen oder bis sich die Gelatine aufgelöst hat. Tequila und Triple Sec hinzufügen und gut umrühren. Die Gelatinemischung unter die Erdbeermischung rühren.
d) Abdecken und 10 Minuten kalt stellen oder bis die Mischung anfängt einzudicken. Den Joghurt dazugeben und mit einem Schneebesen verrühren, bis alles gut vermischt ist.
e) Verteilen Sie die Mischung gleichmäßig auf 5 Margaritagläser oder Gläser mit großem Stiel. Abdecken und mindestens 4 Stunden kalt stellen, bis es fest ist.

21. Cremige Kürbismousse

Macht: 10

ZUTATEN:
- 15-Unzen-Dose 100 % reiner Kürbis
- Packung mit 6 Portionen, zuckerfreie Instant-Vanillepudding-Mischung
- 1/4 Tasse fettarme Milch
- 1 Teelöffel gemahlener Zimt
- 2 Tassen gefrorener, leicht geschlagener Belag, aufgetaut

ANWEISUNGEN:
a) In einer mittelgroßen Schüssel mit einem Elektrorührgerät bei mittlerer Geschwindigkeit den Kürbis, die Puddingmischung, die Milch und den Zimt verrühren, bis alles gut vermischt ist.
b) Den geschlagenen Belag unterheben, bis alles gut vermischt ist, und dann in eine Servierschüssel oder einzelne Dessertgläser füllen.
c) Locker abdecken und bis zum Servieren kalt stellen.

22. Zitronen-Käsekuchen-Frühstücksmousse

Macht: 2

ZUTATEN:
- 3 Esslöffel Frischkäse
- 1 Esslöffel Zitronensaft
- 1,69 Unzen Sahne
- 3,38 Unzen Joghurt
- 1 Esslöffel Xylit
- 1/8 Teelöffel Salz
- 2 Esslöffel Molkenproteinpulver

ANWEISUNGEN:
a) Frischkäse und Zitronensaft in einer Schüssel glatt rühren.
b) Sahne hinzufügen und schaumig schlagen. Den Joghurt vorsichtig hinzufügen.
c) Abschmecken und bei Bedarf den Süßstoff anpassen.
d) Mit ¼ Tasse Beerencoulis servieren.

23. Amaretto-Mousse

Ergibt: 6 Portionen

ZUTATEN:
- 1 Pint Schlagsahne
- 1 Esslöffel Gelatinepulver
- 3 Unzen Amaretto-Likör
- 4 Eier
- 3 Esslöffel Puderzucker
- Vanilleextrakt nach Geschmack
- Mandelextrakt nach Geschmack
- 1 Tasse geschnittene, geröstete Mandeln

ANWEISUNGEN:
a) Schlagen Sie die frische, schwere Sahne auf. Bis zur Verwendung in den Kühlschrank stellen.
b) Das Gelatinepulver in Amaretto im Wasserbad auflösen. Bis zur Verwendung warm halten.
c) Kombinieren Sie die Eier und den Puderzucker in einem separaten Wasserbad.
d) Bei niedriger Temperatur unter ständigem Rühren erhitzen, bis es warm ist.
e) Die Ei-Zucker-Mischung vom Herd nehmen und bei hoher Geschwindigkeit verrühren, bis die Konsistenz erreicht ist.
f) Die Gelatinemischung unter die Eier heben.
g) Die Schlagsahne unterheben und mit Vanille- und Mandelextrakt abschmecken.
h) Füllen Sie Dessertgläser und stellen Sie sie etwa eine Stunde lang in den Kühlschrank, bis sie fest sind.
i) Mit gehobelten, gerösteten Mandeln garnieren.

24. Aprikosenmousse

Ergibt: 6 Portionen

ZUTATEN:
- 1¾ Tasse Wasser
- 6 Unzen Zitronengelatine
- 8 Aprikosen, reif
- 2 Esslöffel Brandy oder Aprikosenbrand
- 1 Tasse Schlagsahne, frisch

ANWEISUNGEN:
a) In einem großen Topf das Wasser zum Kochen bringen. Vom Herd nehmen, die Gelatine hinzufügen und rühren, bis sie sich aufgelöst hat. Beiseite stellen und abkühlen lassen.
b) Aprikosen gut abspülen, halbieren und entkernen. In einem Mixer oder einer Küchenmaschine pürieren, bis eine glatte Masse entsteht. Die pürierten Aprikosen und den Brandy zur abgekühlten Gelatinemischung geben und etwa 1 Stunde im Kühlschrank lagern, bis sie leicht eingedickt sind.
c) Die Aprikosenmischung leicht schlagen, dann die Schlagsahne unterheben.
d) Die Mousse in eine Form oder einen Servierteller füllen und kalt stellen, bis sie fest ist.

25. Schwarzwälder Mousse

Ergibt: 10 Portionen

ZUTATEN:
- 1 Unze ungesüßte Schokolade; schmelzen
- 14 Unzen gesüßte Kondensmilch
- 1 Tasse kaltes Wasser
- 1 Packung Schokoladen-Instantpudding; 4 Portionsgröße
- ¾ Teelöffel Mandelextrakt
- 2 Tassen Sahne; ausgepeitscht
- 21 Unzen Kirschkuchenfüllung; gekühlt

ANWEISUNGEN:
a) In einer großen Schüssel Schokolade mit gesüßter Kondensmilch verrühren.
b) Wasser, dann Puddingmischung und ½ Teelöffel Extrakt einrühren. 5 Minuten einfrieren. Schlagsahne unterheben.
c) Gleiche Portionen auf 10 Dessertteller verteilen.
d) Den restlichen ¼ Teelöffel Extrakt unter die Kirschkuchenfüllung rühren; über Desserts löffeln.

26. Butter-Pekannuss-Mousse

Ergibt: 4 Portionen

ZUTATEN:
- ¾ Tasse Pekannüsse
- 1 Esslöffel Butter, geschmolzen
- Zwei 8-Unzen-Packungen weicher Frischkäse
- ¼ Tasse Zucker
- ¼ Tasse fester brauner Zucker
- ½ Teelöffel Ts Vanille
- 1 Tasse Schlagsahne, geschlagen
- Geröstete Pekannussstücke zum Garnieren

ANWEISUNGEN:

a) Pekannüsse mit Butter bestreichen; auf einem Backblech bei 350 °F backen. ca. 5 Minuten bis es geröstet ist. Fein hacken; beiseite legen.

b) Frischkäse schlagen; Zucker und Vanille unterrühren. Pekannüsse unterrühren.

c) Schlagsahne unter die Pekannüsse heben; In Servierschalen einrühren. Mit gerösteten Pekannussstücken garnieren.

27. Kirschmousse

Ergibt: 6 Portionen

ZUTATEN:
- 6 große Eier, getrennt
- ½ Tasse) Zucker
- ¼ Tasse plus 2 Esslöffel Wasser
- 3½ Pint Sahne
- 3½ Tasse Sauerkirschen oder Süßkirschen, püriert

ANWEISUNGEN:
a) Stellen Sie das Eiweiß in den Kühlschrank und das Eigelb in eine große Edelstahlschüssel und stellen Sie es beiseite.
b) In einem schweren Topf Zucker und Wasser vermischen. Mischen, bis es sich aufgelöst hat, und auf hohe Hitze stellen. 2 bis 3 Minuten kochen lassen. Wenn der Zucker klar ist und sich vollständig aufgelöst hat, vom Herd nehmen und schnell unter das Eigelb rühren.
c) Schlagen Sie diese Mischung mit einem Stabmixer 5 bis 8 Minuten lang auf hoher Geschwindigkeit, bis sie steif und glänzend ist. Beiseite legen.
d) Die Sahne schlagen, bis sich steife Spitzen bilden, und beiseite stellen. Das Eiweiß steif schlagen und beiseite stellen.
e) Die pürierten Kirschen zur Eigelbmischung geben und gut verrühren. Schlagsahne und dann das Eiweiß unterheben. In einzelne Servierschalen oder eine große Schüssel füllen und schnell für mindestens 2 Stunden, wenn möglich auch länger, in den Kühlschrank stellen.
f) Als Garnitur mit Schlagsahne oder Nüssen servieren.

28. Zitrusmousse

Ergibt: 8 Portionen

ZUTATEN:
- ⅓ Tasse Zucker
- 1 Umschlag geschmacksneutrale Gelatine
- 1½ Teelöffel Maisstärke
- 2 Teelöffel fein zerkleinerte Orangenschale oder Mandarinenschale
- 1 Tasse Orangensaft oder Mandarinensaft
- 4 geschlagene Eier
- 2 Esslöffel Orangenlikör
- 6 Eiweiß
- 3 Esslöffel Zucker
- 1½ Tasse Schlagsahne

ANWEISUNGEN:
a) In einem großen Topf ⅓ Tasse Zucker, Gelatine und Maisstärke vermischen.
b) Orangenschale, Orangensaft und Eigelb unterrühren.
c) Bei schwacher Hitze kochen und rühren, bis sich die Gelatine aufgelöst hat und die Mischung leicht eingedickt ist. Vom Herd nehmen.
d) Orangenlikör einrühren. Unter häufigem Rühren auf die Konsistenz von Maissirup abkühlen lassen. Aus dem Kühlschrank nehmen.
e) Eiweiß sofort schlagen, bis sich weiche Spitzen bilden. Nach und nach die 3 Esslöffel Zucker hinzufügen und schlagen, bis sich noch Spitzen bilden.
f) Wenn die Gelatinemischung teilweise fest ist, das Eiweiß unterheben.
g) Schlagsahne in einer großen Rührschüssel schlagen, bis sich weiche Spitzen bilden. Unter die Gelatinemischung heben.
h) Kühlen, bis die Mischung beim Löffeln kleine Hügel bildet. In eine 2-Liter-Auflaufform verwandeln. Abdecken und ca. 6 Stunden kalt stellen oder bis es fest ist

29. Foie Gras und Trüffelmousse

Ergibt: 1 Portion

ZUTATEN:
- 1 1/4 Pfund Foie Gras der Güteklasse A; bei Raumtemperatur
- ¼ Tasse Cognac
- ¼ Tasse Sahne
- Salz
- Frisch gemahlener schwarzer Pfeffer
- ½ Unze schwarze Trüffel, fein gehackt
- 1 Dutzend Toastpunkte

ANWEISUNGEN:
a) Die Gänseleberpastete in eine Küchenmaschine mit Metallmesser geben und pürieren, bis eine glatte Masse entsteht. Cognac und Sahne hinzufügen.
b) Zu einer glatten Masse verarbeiten. Mit Salz und Pfeffer würzen.
c) Aus der Küchenmaschine nehmen und die Trüffel unterheben.
d) Die Mousse in eine 2-Tassen-Porzellanform geben.
e) Servieren Sie die Mousse bei Zimmertemperatur mit den Toastspitzen.

30. Blumen-Rum-Mousse

Ergibt: 8 Portionen

ZUTATEN:
- 6 Unzen Bitterschokolade
- 6 große Eier, getrennt
- 1 Esslöffel Cointreau oder Grand Marnier
- ¾ Tasse Schlagsahne
- Schokoladenstreusel
- 8 Nelken oder andere kleine Blumen
- Brandy

ANWEISUNGEN:
a) In einem Wasserbad über kochendem Wasser die Schokolade schmelzen. Vom Herd nehmen und abkühlen lassen.
b) Schlagen Sie das Eiweiß, bis sich Spitzen bilden und die Mischung glänzend, aber nicht trocken ist. legen Sie sie beiseite. Das Eigelb mit dem Rum leicht verrühren.

31. Florida-Key-Limetten-Mousse

Ergibt: 6 Portionen

ZUTATEN:
- ¾ Tasse frischer Limettensaft
- 1 Umschlag geschmacksneutrale Gelatine
- 4 große Eier; getrennt, bei Raumtemperatur
- ¾ Tasse Zucker
- 1 Tasse gekühlte Schlagsahne
- Schlagsahne
- Geröstete Kokosraspeln

ANWEISUNGEN:
a) Geben Sie 2 Esslöffel Limettensaft in eine kleine Schüssel. Gelatine darüber streuen. Zum Weichmachen beiseite stellen.
b) Eigelb in einem schweren kleinen Topf verquirlen. Restlichen Limettensaft und dann ½ Tasse Zucker unterrühren.
c) Bei schwacher Hitze unter ständigem Rühren kochen, bis die Mischung leicht eindickt. Vom Herd nehmen.
d) Gelatine hinzufügen; zum Auflösen umrühren. In eine große Schüssel füllen. Cool.
e) 1 Tasse Sahne in einer mittelgroßen Schüssel schlagen, bis weiche Spitzen entstehen. Den restlichen Zucker nach und nach hinzufügen und steif schlagen. Mit sauberen, trockenen Rührbesen das Eiweiß in einer anderen Schüssel schlagen, bis sich weiche Spitzen bilden. Eiweiß unter die Sahne heben. Sahnemischung vorsichtig unter die Limettenmischung heben. Auf sechs 5-Unzen-Puddingbecher verteilen.
f) Abdecken und kühl stellen, bis es fest ist.
g) Belegen Sie jede Mousse mit einem Klecks Schlagsahne. Mit Kokos bestreuen.

32. Grand-Marnier-Schokoladenmousse

Ergibt: 6 Portionen

ZUTATEN:
- 4½ Teelöffel geschmacksneutrale Gelatine
- ¾ Pfund bittersüße Schokoladenstückchen
- ½ Tasse Plus
- 2 Esslöffel Grand Marnier
- 2¼ Tasse Gut gekühlte Sahne
- ¾ Tasse Superfeiner Zucker
- ⅓ Tasse Kristallzucker
- 2 Esslöffel feine Julienne aus Orangenschale

ANWEISUNGEN:

a) In einer kleinen Schüssel die Gelatine über ⅓ Tasse kaltes Wasser streuen. 5 Minuten lang einweichen, in einem kleinen Topf erhitzen und die Mischung bei mäßiger Hitze rühren, bis sich die Gelatine auflöst. In einem Wasserbad über kaum siedendem Wasser die Schokolade schmelzen und glatt rühren. Gelatinemischung und ¼ Tasse plus 2 Esslöffel Grand Marnier unterrühren, bis die Mischung glatt ist. Vom Herd nehmen und die Pfanne über dem heißen Wasser halten.

b) Schlagen Sie die Sahne in einer gekühlten Schüssel mit einem Elektromixer auf und fügen Sie nach und nach den feinsten Zucker hinzu. Fügen Sie die restliche ¼ Tasse Grand Marnier hinzu und schlagen Sie die Mischung, bis steife Spitzen entstehen. Geben Sie 1 ½ Tassen Schlagsahnemischung in eine kleine Schüssel und bewahren Sie sie abgedeckt und gekühlt auf. Nehmen Sie die Schokoladenmischung über dem heißen Wasser und lassen Sie sie 30 Sekunden lang abkühlen.

c) Mit dem Mixer die restliche Schlagsahnemischung einrühren, bis alles gut vermischt ist.

d) Die Mousse auf sechs 1-Tassen-Becher verteilen und mit Frischhaltefolie abgedeckt 30–40 Minuten lang oder bis sie fast fest ist kalt stellen. Mit einem kleinen Löffel jeweils einen

Esslöffel in die Mitte löffeln und die ausgeschöpfte Mousse in einen kleinen Topf geben.

e) Füllen Sie die Vertiefungen mit etwas von der reservierten Schlagsahnemischung. Ausgeschöpfte Mousse bei schwacher Hitze glatt rühren. Gießen Sie es über die Mousses und kühlen Sie sie mit Frischhaltefolie abgedeckt 2 Stunden lang.

f) Die Orangenschale in kochendem Wasser 1 Minute lang blanchieren. und abtropfen lassen. In derselben Pfanne Schwarte, Zucker und ¼ Tasse Wasser vermischen. Bei mäßiger Hitze zum Kochen bringen, dabei rühren, bis sich der Zucker aufgelöst hat, und 4 Minuten kochen lassen oder bis die Schale durchscheinend ist und die Flüssigkeit reduziert ist. ¼ Tasse kaltes Wasser hinzufügen. Die Flüssigkeit zum Kochen bringen und die Mischung durch ein feines Sieb passieren, dabei die Flüssigkeit auffangen. Schwarte abkühlen lassen.

g) Mit einem Spritzbeutel mit der restlichen Schlagsahnemischung verzieren und mit kandierter Schale bestreuen.

33. Eiskaffee-Mousse

Ergibt: 1 Portion

ZUTATEN:
- ½ Teelöffel geschmacksneutrale Gelatine
- 2 Esslöffel Wasser
- ½ Tasse gesüßte Kondensmilch
- 1½ Teelöffel Instant-Espressopulver
- ½ Teelöffel Vanille
- ½ Tasse Gut gekühlte Sahne

ANWEISUNGEN:

a) In einem kleinen Topf die Gelatine über das Wasser streuen und 2 Minuten lang weich werden lassen.

b) Geben Sie die Milch und das Espressopulver hinzu und erhitzen Sie die Mischung bei mäßiger Hitze unter ständigem Rühren, bis sich das Pulver aufgelöst hat.

c) Nehmen Sie die Pfanne vom Herd, rühren Sie die Vanille ein und stellen Sie die Pfanne in eine Schüssel mit Eis und kaltem Wasser. Rühren Sie die Mischung alle paar Minuten um, bis sie dick und kalt ist.

d) In einer kleinen Schüssel die Sahne schlagen, bis nur noch steife Spitzen entstehen, und die Kaffeemischung vorsichtig, aber gründlich unterheben.

e) Die Mousse in zwei gekühlte, langstielige Gläser füllen und bis zum Servieren kalt stellen.

34. Marshmallow-Mousse

Ergibt 4-6

ZUTATEN:
- 250 g Marshmallows
- 200 ml halb und halb
- 1/2 Tasse griechischer Joghurt
- 3 Tropfen lila Lebensmittelgel, optional
- 3 Tropfen rosafarbenes Lebensmittelgel, optional
- 3 Tropfen orangefarbenes Lebensmittelgel, optional

ANWEISUNGEN:

a) Bei schwacher Hitze die Marshmallows und je 2 Esslöffel der Hälfte in einem kleinen Topf unter ständigem Rühren langsam kochen. Sie können leicht brennen, also behalten Sie sie im Auge.

b) Wenn sie aussehen, als würden sie anbrennen, vom Herd nehmen und weiterrühren.

c) Sobald die Marshmallows geschmolzen sind und die Masse glatt ist, 5 Minuten abkühlen lassen.

d) Die restliche Hälfte und den Joghurt dazugeben und verrühren.

e) Je nach Anzahl der Schichten die Mischung auf Schüsseln verteilen und mit violettem, rosa und orangefarbenem Gel einfärben.

f) Zum Schichten die erste Schicht vorsichtig in Serviergläser füllen. 5-10 Minuten kalt stellen. Wiederholen Sie dies mit den restlichen Schichten.

g) Bis zur Verwendung im Kühlschrank aufbewahren. Beim Servieren 15 Minuten bei Zimmertemperatur stehen lassen.

35. Toblerone-Mousse-Fondue mit Baiser

Ergibt: 1 Portion
ZUTATEN:
- 7 Unzen Toblerone-Zartbitterschokolade
- ⅓ Tasse Sahne
- 3 Eiweiß
- ⅓ Tasse Zucker
- Erdbeeren
- Sternfrucht, in Scheiben geschnitten
- Kernlose rote und grüne Trauben
- Getrocknete Aprikosen

ANWEISUNGEN

a) In einer Metallschüssel, die über einem Topf mit kaum siedendem Wasser steht, die Schokolade mit der Sahne unter Rühren schmelzen, die Schüssel aus der Pfanne nehmen und die Mischung abkühlen lassen, während das Baiser zubereitet wird.

b) In einer anderen Metallschüssel das Eiweiß und den Zucker vermischen, die Schüssel über einen Topf mit heißem, aber nicht siedendem Wasser stellen und die Mischung rühren, bis sich der Zucker aufgelöst hat.

c) Schlagen Sie das Baiser mit einem Handmixer 5 Minuten lang oder bis es glänzende, steife Spitzen bildet und sich warm anfühlt.

d) Nehmen Sie die Schüssel aus der Pfanne und schlagen Sie das Baiser weiter, bis es abgekühlt ist. Geben Sie 1 Tasse Baiser in einen Spritzbeutel mit einer kleinen dekorativen Spitze, heben Sie das restliche Baiser vorsichtig, aber gründlich unter die Schokoladenmischung und verteilen Sie die Mousse auf sechs kleine Schüsseln.

e) Auf einem mit Backpapier oder Alufolie ausgelegten Backblech das restliche Baiser in 5 cm große Streifen spritzen und die Streifen in der Mitte eines vorgeheizten Ofens bei 300 °C backen. F. 15 Minuten im Ofen backen, oder bis sie leicht goldbraun sind.

f) Lassen Sie die Baiser auf dem Backblech abkühlen und schälen Sie sie vom Papier.

g) Die Baiser können 2 Tage im Voraus zubereitet und in einem luftdichten Behälter aufbewahrt werden. Servieren Sie die Baisers und die Früchte zum Dippen in das Mousse-Fondue.

36. Entenlebermousse

Ergibt: 6 Portionen

ZUTATEN:
- 1 Pfund Entenleber, gereinigt
- 1 Esslöffel koscheres Salz
- 2 bis 3 große Schalotten, gehackt
- 1 Unze Brandy
- 1 Esslöffel frischer Pfeffer
- 1 Unze Haselnusslikör
- 1 Esslöffel Muskatnuss
- 3 Tassen Sahne

ANWEISUNGEN:

a) Leber, Schalotten, Pfeffer, Muskatnuss, Salz, Brandy und Likör in die Küchenmaschine geben und pürieren. Bei eingeschalteter Maschine 3 Tassen Sahne hinzufügen. Durch ein feines Sieb passieren. Im Wasserbad bei 325 bis 350 °C backen, bis sich die Mitte fest anfühlt.

37. Mandelmousse au Chocolate

Ergibt: 6 Portionen

ZUTATEN:
- 1 Umschlag ungesüßtes Gelatinepulver
- ¼ Tasse kaltes Wasser
- 2 ungesüßte Backschokolade
- Quadrate
- 1 Stück halbsüße Schokolade
- ½ Tasse Milch
- ½ Tasse) Zucker
- 1 Pint Sahne
- ¼ Teelöffel Mandelextrakt
- ½ Tasse blanchierte Mandeln – geröstet
- & gehackt

ANWEISUNGEN:
a) Gelatine in Wasser einweichen. Schokolade in Milch über kochendem Wasser schmelzen.
b) Zucker hinzufügen und rühren, bis er sich vollständig aufgelöst hat. Lass es abkühlen. Sahne schlagen, bis weiche Spitzen entstehen. Mandelextrakt und gehackte Mandeln in die abgekühlte Schokolade einrühren. ⅓ der Schlagsahne unter die Schokoladenmischung heben. Dann die restliche Sahne unterheben. In eine attraktive Servierschüssel füllen und mindestens 2 Stunden oder über Nacht im Kühlschrank mit Frischhaltefolie abgedeckt ruhen lassen. Vor dem Servieren mit Schlagsahne, kandierten Veilchen, geriebener süßer Schokolade oder gerösteten Mandeln dekorieren.

38. Krabbenfleischmousse

Ergibt: 6 Portionen

ZUTATEN:
- 1 Esslöffel geschmacksneutrale Gelatine
- ¼ Tasse kaltes Wasser
- 1 Tasse unverdünnte Pilzsuppe
- 8 Unzen Frischkäse, weich
- 1 Tasse Mayonnaise
- ¾ Tasse fein gehackter Sellerie
- 6½ Unzen Dose Königskrabbenfleisch aus Alaska, abgetropft
- 1 Esslöffel geriebene Zwiebel
- 1½ Teelöffel Worcestershire-Sauce

ANWEISUNGEN:

a) Gelatine in kaltem Wasser einweichen, damit sie weich wird. Suppe erhitzen. Gelatine in die heiße Suppe einrühren und darauf achten, dass sie sich auflöst. Frischkäse und Mayonnaise hinzufügen. Schlagen, bis alles glatt ist. Sellerie, Krabbenfleisch, Zwiebel und Worcestershire hinzufügen. In die Form gießen und kalt stellen. Mit Crackern servieren.

39. Kakao-Cappuccino-Mousse

Ergibt: 8 Portionen

ZUTATEN:
- 1 Dose (14oz) gesüßte Kondensmilch
- ⅓ Tasse Kakao
- 3 Esslöffel Butter oder Margarine
- 2 Teelöffel Instantkaffee oder Espresso; aufgelöst in
- 2 Teelöffel heißes Wasser
- 2 Tassen (1 Pint) kalte Schlagsahne

ANWEISUNGEN:

a) Vermische gesüßte Kondensmilch, Kakao, Butter und Kaffee in einem mittelgroßen Topf. Bei schwacher Hitze unter ständigem Rühren kochen, bis die Butter schmilzt und eine glatte Masse entsteht. Vom Herd nehmen und abkühlen lassen. Schlagsahne steif schlagen.

b) Nach und nach die Schokoladenmischung unter die Schlagsahne heben. In Dessertschalen füllen und etwa 2 Stunden im Kühlschrank lagern. bis es fest ist. Nach Belieben garnieren (mehr Schlagsahne und/oder leicht Kakao darüberstreuen).

40. Krabben-Avocado-Mousse

Ergibt: 6 Portionen

ZUTATEN:

- 2 Esslöffel geschmacksneutrale Gelatine
- 1 Tasse Gemüse- oder Hühnerbrühe
- 2 Avocados; geschält, entkernt und in 1/2-Zoll-Stücke gewürfelt
- 1½ Tasse Krabbenfleisch
- 1 Teelöffel Salz
- ½ Teelöffel weißer Pfeffer
- ⅛ Teelöffel gemahlene Muskatnuss
- 2 Esslöffel Madeira
- 1½ Tasse Sauerrahm
- Gurkenscheiben zum Garnieren

ANWEISUNGEN:

a) Die Gelatine in der Brühe in einem Topf einweichen. Bei mittlerer Hitze erhitzen und unter gelegentlichem Rühren köcheln lassen. Vom Herd nehmen und auf Raumtemperatur abkühlen lassen.

b) Gießen Sie ¼ Tasse der Gelatinemischung in eine gekühlte 4-Tassen-Form und stellen Sie sie etwa 5 Minuten lang in den Gefrierschrank, bis sie fest ist.

c) Die Avocados in eine Arbeitsschüssel geben. Krabbenfleisch, Salz, Pfeffer, Muskatnuss, Madeira, Sauerrahm und die restliche Gelatinebrühe hinzufügen.

d) Gut mischen. In die vorbereitete Form gießen. Vor dem Entformen mindestens 4 Stunden kalt stellen. Vor dem Servieren mit Gurkenscheiben garnieren.

41. Curry-Ei-Mousse

Ergibt: 10 Portionen

ZUTATEN:
- 1 430 g Dose Kondensmilch
- 1 430g Dose cremige Suppe
- 1 Esslöffel Currypulver
- 2 Teelöffel Zwiebelpulver
- 1 Esslöffel Zitronen- oder Limettensaft
- 1 kleines Glas Seehasenrogen
- 1 Esslöffel Gelatine
- 8 Eier, hartgekocht, gehackt
- Salz nach Geschmack
- 1 Esslöffel Petersilie oder Schnittlauch, gehackt
- 2 Estragon- oder Dillblätter
- 1 Limette oder Zitrone
- GARNIERUNG

Für 6 Personen zum Mittagessen oder 10 Personen als Hauptgericht.

ANWEISUNGEN:
a) Die Gelatine mit etwas heißem Wasser schmelzen und rühren, bis sie klar ist.
b) Eine halbe Dose Kondensmilch dick aufschlagen. Restliche Milch mit Suppe, Currypulver, Zwiebelpulver, Limetten- oder Zitronensaft, geschmolzener Gelatine und grob gehackten Eiern in einen Mixer geben und glatt rühren. Diese Mischung mit der gehackten Petersilie unter die geschlagene Milch heben. Nach Geschmack Salz hinzufügen.
c) In einen angefeuchteten Hügel gießen und im Kühlschrank aufbewahren, bis er fest ist, dann aus der Form nehmen und den Kaviar darauf verteilen. Umgeben Sie die Mousse mit dünn geschnittenen Limetten- oder Zitronenscheiben und frischen Kräuterzweigen. Mit gemischtem Salat (und auf Wunsch auch kaltem Fleisch) servieren.

42. Dunkles und dichtes Schokoladenmousse

Ergibt: 10 Portionen

ZUTATEN:
- ¾ Tasse süße Butter
- 1½ Tasse Kakao
- 1 Tasse Sahne; gut gekühlt.
- 6 Eier; Zimmertemperatur.
- 1¼ Tasse 10x Zucker
- 3 EL 10x Zucker
- 2 EL Cognac
- Jeweils 1½ EL starker Kaffee

ANWEISUNGEN:
a) Butter schmelzen; Kakao einrühren, bis eine glatte Masse entsteht; Cool.
b) Sahne in einer gekühlten Stahl- oder Glasschüssel steif schlagen; beiseite legen.
c) In einer großen Schüssel Eigelb mit 1/2 c 10x Zucker schaumig schlagen
d) Cognac und Kaffee untermischen. Beiseite legen.
e) Das Eiweiß schaumig schlagen. Nach und nach den restlichen 10-fachen Zucker hinzufügen und schlagen, bis sich steife Spitzen bilden.
f) Die Kakaomischung vorsichtig unter die Eigelbmischung heben.
g) In eine Servierschüssel geben. Abdecken und über Nacht kalt stellen. Etwa 30 Minuten vor dem Servieren aus dem Kühlschrank nehmen.

43. Dunkles Schokoladen-Himbeer-Mousse

Ergibt: 6 Portionen

ZUTATEN:
- 1½ Tasse frische Himbeeren
- ¼ Tasse Zucker
- 2 Esslöffel Framboise-Likör
- 10 Unzen bittersüße Schokolade,
- Grob gehackt
- 4 Esslöffel (1/2 Stange) ungesalzene Butter
- 1 Tasse Sahne – gekühlt
- 3 Jumbo-Eier, getrennt – bei Raumtemperatur
- ¾ Tasse Sahne, sanft geschlagen
- ½ Pint frische Himbeeren – zum Garnieren

ANWEISUNGEN:

a) In einer kleinen Schüssel die Himbeeren mit einer Gabel grob zerdrücken. Zucker und Framboise unterrühren. Lassen Sie die Mischung 30 Minuten bei Raumtemperatur stehen.

b) In einem modifizierten Wasserbad die Schokolade und die Butter schmelzen.

c) Während die Schokolade schmilzt, die Sahne schlagen. Das Eigelb unter die zerkleinerte Himbeermischung rühren. Das Eiweiß verquirlen.

d) Nehmen Sie die Schüssel mit der geschmolzenen Schokolade aus dem modifizierten Wasserbad und stellen Sie sie auf eine Arbeitsfläche. Die Himbeermischung auf einmal unterrühren. Schlagsahne unterrühren. Das Eiweiß unterheben.

e) Verwandeln Sie die Mousse in eine Servierschüssel oder in einzelne Gerichte. Kühlen, bis die Masse fest ist, etwa zwei Stunden für einzelne Portionen und fünf Stunden für eine große Schüssel Mousse.

f) Garnieren Sie jede Portion mit einem Klecks Schlagsahne und ein oder zwei frischen Himbeeren.

44. Doppelte Pfirsichmousse

Ergibt: 1 Portion

ZUTATEN:
- 1½ Tasse getrocknete Pfirsiche; (ungefähr 8 Unzen)
- 1½ Tasse Wasser
- ½ Tasse Pfirsichlikör
- 1 Esslöffel geschmacksneutrale Gelatine
- 3 große Eier; getrennt, Raumtemperatur
- ½ Tasse plus 3 1/2 Esslöffel Zucker
- 2 Tassen gekühlte Schlagsahne
- 1 Prise Weinstein
- Frische Minzzweige

ANWEISUNGEN:
a) Getrocknete Pfirsiche und Wasser in einem schweren mittelgroßen Topf vermischen. 30 Minuten stehen lassen. Zum Kochen bringen. Hitze reduzieren und etwa 20 Minuten sanft köcheln lassen, bis das Fleisch sehr weich ist.

b) In der Zwischenzeit ¼ Tasse Pfirsichlikör in eine kleine Schüssel geben; Gelatine darüber streuen. Zum Weichmachen beiseite stellen. 3 Eigelb, ½ Tasse Zucker und die restliche ¼ Tasse Pfirsichlikör im Wasserbad aufschlagen, bis eine helle Farbe entsteht. Über kochendes Wasser geben und etwa 2 Minuten lang rühren, bis die Masse dick genug ist, um die Rückseite des Löffels zu bedecken, wenn man mit dem Finger darüber fährt (nicht kochen).

c) In eine kleine Schüssel umfüllen.

d) Gelatine zur heißen Pfirsichmischung hinzufügen und rühren, bis sie sich aufgelöst hat. In die Küchenmaschine geben und pürieren, bis eine glatte Masse entsteht. In eine große Schüssel füllen. Unter gelegentlichem Rühren auf Raumtemperatur abkühlen lassen (die Pfirsichmischung nicht fest werden lassen). Vanillepudding zur Pfirsichmischung hinzufügen und verrühren. Schlagen Sie die Sahne in einer mittelgroßen Schüssel mit einem Elektromixer zu weichen Spitzen auf. Mischen Sie ⅓ der

Schlagsahne mit der Pfirsichmischung, um sie aufzuhellen. Restliche Sahne in 2 Portionen vorsichtig unterheben.

e) Mit sauberen, trockenen Rührbesen Eiweiß und Weinstein in einer weiteren mittelgroßen Schüssel schaumig schlagen. Nach und nach die restlichen 3½ Esslöffel Zucker hinzufügen und schlagen, bis die Masse glatt, glänzend und fast steif, aber nicht trocken ist. Zum Aufhellen ⅓ des Eiweißes unter die Pfirsichmischung heben. Restliches Weiß in 2 Portionen vorsichtig unterheben. Decken Sie die Schüssel mit Plastik ab und stellen Sie die Mousse 8 Stunden oder über Nacht in den Kühlschrank.

f) Die Mousse in einen Spritzbeutel mit großer Sterntülle füllen. Mousse in Kelche oder Weingläser füllen. Die Mousse mit frischen Minzzweigen belegen und servieren.

45. Eierlikörmousse

Ergibt: 4 Portionen

ZUTATEN:
- 3 Eigelb
- ½ Tasse) Zucker
- Je 1 Packung geschmacksneutrale Gelatine
- 3 Esslöffel dunkler Rum
- 2 Esslöffel Brandy
- 2 Tassen Schlagsahne
- ½ Tasse) Zucker
- 1½ Teelöffel frisch gemahlene Muskatnuss
- 2 Teelöffel Vanille
- 3 Eiweiß

ANWEISUNGEN:
a) Zerkleinerte Pfefferminzbonbons zum Garnieren (oder kleine Zuckerstangen). Schlagen Sie Eigelb und ½ Tasse Zucker in einer Edelstahlschüssel über heißem Wasser oder in der oberen Hälfte des Wasserbades, bis die Farbe heller wird (ca. 2 Minuten).
b) In Rum und Brandy eingeweichte Gelatine zur Eimischung geben und eine weitere Minute weiterschlagen. Die Mischung vom Herd nehmen und 10 Minuten in den Kühlschrank stellen. In der Zwischenzeit Sahne, ½ Tasse Zucker, Muskatnuss und Vanille verrühren. Eiweiß schlagen, bis feste Spitzen entstehen. Schlagsahne unter die gekühlte Gelatinemischung heben und gründlich verrühren. Eiweiß vorsichtig unterheben. 4-6 Stunden kalt stellen.
c) Mit zerkleinerten Pfefferminzbonbons oder Miniatur-Zuckerstangen garnieren.

46. Elegante Mousse-Torte

Ergibt: 1 Portionen

ZUTATEN:
- ¾ Tasse plus 2 T Allzweckmehl
- 3 Esslöffel Zucker
- 1 Eigelb
- ¼ Tasse Butter
- 6 Eigelb
- 3 Esslöffel Zitronensaft
- ½ Teelöffel Zitronenschale
- 1 Tasse gesiebter Puderzucker (bis zu 3/4)
- 6 Eiweiß
- 1 Tasse gesiebtes Kuchenmehl
- ¼ Tasse gesiebte Maisstärke
- ¾ Teelöffel Backpulver
- ½ Tasse geriebene süße Schokolade
- ½ Tasse zerkleinerte Ananas
- ¼ Tasse geschmolzene Butter
- 1 Esslöffel geschmacksneutrale Gelatine
- 3 Esslöffel kaltes Wasser
- 2 Tassen Schlagsahne
- ¾ Tasse Puderzucker
- ½ Tasse zerkleinerte Ananas
- 1 Tasse geriebene süße Schokolade
- ¼ Tasse Wasser
- 2 Esslöffel Kirsch oder Rum
- 2 Esslöffel Zucker

ANWEISUNGEN:

a) Ofen auf 350F vorheizen. Den Boden von drei runden 9-Zoll-Pfannen auslegen und einfetten. Beiseite legen.

Kruste vorbereiten:

b) Mehl und Zucker in eine Schüssel sieben; Eigelb und Butter dazugeben und gut verrühren, bis ein glatter Teig entsteht. Zwischen zwei Stücken Wachspapier einen Kreis mit einem Durchmesser von 23 cm ausrollen. Rundherum einstechen und 30 Minuten kalt stellen. Auf einem Backblech 20 Minuten backen oder bis es leicht gebräunt ist.

Kuchen vorbereiten:

c) Eigelb, Zitronensaft, Zitronenschale und Zucker verrühren; schlagen, bis es leicht und cremig ist. In einer anderen Schüssel das Eiweiß steif schlagen und dann unter die Eigelbmasse heben. Mehl, Maisstärke und Backpulver vermischen und dann unter die Eimasse heben. Zum Schluss Ananas, Schokolade und Butter untermischen. Gießen Sie die Mischung in die vorbereiteten Formen und backen Sie sie 12 bis 15 Minuten lang oder bis sie fertig sind.

Füllung vorbereiten:

d) Gelatine einige Minuten in Wasser einweichen und bei schwacher Hitze kochen, bis sich die Gelatine aufgelöst hat. Abkühlen lassen. Sahne steif schlagen und gekochte Gelatine und Puderzucker unterrühren. Stellen Sie eine ¾ Tasse zum Spritzen beiseite. Ananas und Schokolade zur restlichen Schlagsahne hinzufügen; beiseite legen.

e) Zutaten für die Kirschmischung in einer Tasse vermischen und großzügig auf den Kuchen träufeln.

So bereiten Sie die Torte zu:

f) Eine Kruste auf eine Platte legen. Mit der Moussefüllung dünn bestreichen und dann mit einem Tortenboden belegen. Wiederholen Sie den Vorgang, bis der Kuchen fertig ist. Die Seiten bestreichen und mit dem restlichen Mousse-Zuckerguss bedecken. Restliche ¾ Tasse Schlagsahne zum Spritzen der Ränder verwenden und mit geriebener Schokolade verzieren

47. Frisches Feigenmousse

Ergibt: 1 Mousse

ZUTATEN:
- 1½ Tasse Zucker
- 1 Tasse; Wasser
- 1 Esslöffel starker Vanilleextrakt
- 1 lange Locke Orangenschale
- 1 2,5 cm großes Stück Vanilleschote
- 6 reife Feigen oder
- 2 4 oz. Gläser eingemachte Feigen* oder-
- 8 Unzen Packung Feigen**
- 1 Esslöffel Gelatine
- ¼ Tasse Orangensaft
- 1½ Tasse Creme-Patisserie
- 1 Tasse Sahne
- 1 Teelöffel starker Vanilleextrakt
- 3 Eiweiß
- 1 Prise Salz
- 1 Esslöffel Kristallzucker
- Hellschalige Orange zum Reiben

ANWEISUNGEN:

a) Zucker und Wasser in einen Topf geben; zum Kochen bringen. Wenn die Mischung kocht, reduzieren Sie die Hitze und fügen Sie 1 EL hinzu. Vanille, Orangenschale und Vanilleschote. Etwa 10 Minuten kochen lassen, bis die Mischung sirupartig und dick wird. Fügen Sie die ganzen Feigen hinzu und pochieren Sie sie etwa 25 Minuten lang oder bis sie gabelweich sind. Cool.

b) *(Wenn Sie konservierte Feigen verwenden, entfernen Sie die Feigen und geben Sie den Sirup, die Orangenschale, die Vanilleschote und die Vanille in einen Topf mit 3 bis 4 Esslöffeln Wasser. Lassen Sie es 1 bis 2 Minuten lang kochen. Stellen Sie die Feigen wieder in den heißen Topf Sirup; gut mit Glasur bestreichen und abkühlen lassen.) **(Wenn Sie verpackte getrocknete Feigen verwenden, reduzieren Sie den Zucker auf 1

Tasse und das Wasser auf ¾ Tasse. Wenn die in Absatz 1 beschriebene Zucker-Wasser-Mischung sirupartig wird, fügen Sie die Feigen hinzu und vom Herd nehmen.

c) Alle anderen Anweisungen sind gleich.) In einer kleinen Schüssel die Gelatine mit Orangensaft vermischen und über einen Topf mit nicht ganz kochendem Wasser geben. Rühren Sie die Mischung gut um, bis sich die Gelatine vollständig aufgelöst hat. Wenn die Flüssigkeit ziemlich sirupartig und nicht mehr körnig ist, zur abgekühlten Feigenmischung hinzufügen.

d) Nehmen Sie eine Feige heraus, um sie später abschließend zu garnieren, und geben Sie dann die andere Frucht, die Orangenschale und den Sirup in den Mixbehälter. Schneiden Sie die Vanilleschote mit einem scharfen Messer in der Mitte auf und kratzen Sie die Samen nach dem Zufallsprinzip in die Mischung. Bei hoher Geschwindigkeit etwa eine Minute lang mixen oder bis die Mischung ein dickes, honigfarbenes Püree ergibt.

e) In einer großen Rührschüssel das abgekühlte Feigenpüree mit der Creme-Patisserie vermischen.

f) In einer gekühlten Schüssel Schlagsahne mit 1 TL verrühren. Vanilleextrakt. Die Sahne schlagen, bis sie ihre Form behält, aber nicht zu stark schlagen.

g) Das Eiweiß mit einer Prise Salz bestäuben und zu einem feinen Schaum aufschlagen. Wenn sich weiche Spitzen bilden, streuen Sie einen Esslöffel Kristallzucker darüber und schlagen Sie sie dann kräftig, bis sie ihre Form behalten.

h) Die Feigenmischung mit der Schlagsahne vermischen und die Sahne mit einem großen Gummischaber vorsichtig in die Vanillesoße einarbeiten. Die Eiweißstreifen sofort unterheben.

i) In eine Schüssel geben und etwa 4 bis 5 Stunden im Kühlschrank lagern. Kurz vor dem Servieren die Schale der hellschaligen Orange über die gesamte Oberfläche reiben. Die beiseite gelegte Feige in dünne Streifen schneiden und die Ränder der Mousse damit umranden.

48. Gefrorenes Kürbismousse

Ergibt: 6 Portionen

ZUTATEN:
- ¾ Tasse Wasser
- ¾ Tasse Zucker
- 3 Eiweiß
- 1 Prise Weinstein
- 1½ Tasse Kürbis, püriert und gut abgetropft
- 1 Teelöffel Kürbiskuchengewürz
- 2 Esslöffel Rum
- 1 Tasse Schlagsahne, geschlagen, bis sich steife Spitzen bilden

ANWEISUNGEN:
a) In einem schweren Topf Wasser und Zucker kochen, bis der Sirup eine weiche Kugel aufweist (238 °F auf einem Zuckerthermometer).
b) Während der Sirup kocht, schlagen Sie mit einem elektrischen Mixer das Eiweiß mit einer Prise Weinstein, bis sich steife Spitzen bilden. Gießen Sie bei laufendem Mixer heißen Zuckersirup in einem gleichmäßigen, dünnen Strahl in das Eiweiß. Weiter schlagen, bis die Mischung vollständig abgekühlt ist (dies kann länger als 10 Minuten dauern). Kürbis und Kuchengewürz unterheben.
c) Rum mit Schlagsahne verrühren und unter die Kürbismischung heben. Verwandeln Sie die Mousse in eine Auflaufform, die mit einem Papierkragen versehen ist. mindestens 4 Stunden einfrieren.
d) Nehmen Sie die Mousse aus dem Gefrierschrank und stellen Sie sie etwa 30 Minuten vor dem Servieren in den Kühlschrank. In Dessertschalen füllen und mit Lebkuchenplätzchen servieren.

49. Schinkenmousse

Ergibt: 6 Portionen

ZUTATEN:

- 2 Esslöffel geschmacksneutrale Gelatine
- 1 Tasse Gemüse- oder Hühnerbrühe
- 1 Tasse Schlagsahne; ausgepeitscht
- 1¼ Tasse Schinken; gewürfelt
- 1 Teelöffel zubereiteter Meerrettich
- 1 Teelöffel Dijon-Senf
- ½ Teelöffel weißer Pfeffer
- ¼ Tasse Madeira
- Hartgekochte Eier zum Garnieren

ANWEISUNGEN:

a) Die Gelatine in der Brühe in einem Topf einweichen. Bei mittlerer Hitze erhitzen und unter gelegentlichem Rühren köcheln lassen. Vom Herd nehmen und auf Raumtemperatur abkühlen lassen.

b) Die Schlagsahne in den Kühlschrank stellen. Gießen Sie ¼ Tasse der Gelatinemischung in eine gekühlte 4-Tassen-Form und stellen Sie sie etwa 5 Minuten lang in den Gefrierschrank, bis sie fest ist.

c) In der Zwischenzeit Schinken, Meerrettich, Senf, Pfeffer, Madeira und ¾ Tasse Gelatinebrühe in eine Küchenmaschine geben und fein verarbeiten.

d) In eine Arbeitsschüssel kratzen. Schlagsahne unterheben.

e) Gießen Sie die Mischung in die vorbereitete Form. Vor dem Entformen mindestens 4 Stunden kalt stellen. Vor dem Servieren mit hartgekochten Eiervierteln garnieren.

50. Guavenmousse

Ergibt: 6 Portionen

ZUTATEN:
- 1 Tasse frisches Guavenpüree
- 1 Tasse Kondensmilch
- ¾ Tasse Zucker oder Honig
- 1 Esslöffel Zitronensaft

ANWEISUNGEN:
a) Um Püree zuzubereiten, schneiden Sie die Guaven in zwei Hälften, löffeln Sie das Fruchtfleisch heraus und lassen Sie es durch ein Sieb laufen.
b) Kühlen Sie die Kondensmilch ab, indem Sie sie für kurze Zeit in den Gefrierbereich stellen.
c) In eine gekühlte Schüssel füllen und aufschlagen, bis die Masse eingedickt ist. Zucker oder Honig und Zitronensaft zum Püree hinzufügen und verrühren, bis sich der Zucker aufgelöst hat.
d) Die geschlagene Milch unter die Guavenmischung heben und in Gefrierbehälter füllen. 4-6 Stunden einfrieren.

51. Torte de Mousse à la Nektarine

Ergibt: 1 Portion

ZUTATEN:
NEKTARINENMOUSSE:
- 1½ Pfund Nektarinen
- ½ Tasse) Zucker
- 5 Teelöffel geschmacksneutrale Gelatine
- ¼ Tasse Zitronensaft
- ¼ Tasse Pfirsichschnaps
- 1½ Tasse Sahne, gut gekühlt
- Genoise-Kuchen

PFIRSICHSIRUP:
- ¼ Tasse Zucker
- ⅓ Tasse Pfirsichschnaps
- Pfirsichglasur:
- 1¼ Teelöffel geschmacksneutrale Gelatine
- ¾ Tasse Pfirsichkonfitüre oder Marmelade
- 3 Esslöffel Pfirsichschnaps

ANWEISUNGEN:
a) Nektarinen halbieren, entkernen, hacken und in einem schweren Topf mit Zucker und ½ Tasse Wasser vermischen. Unter Rühren zum Kochen bringen und unter gelegentlichem Rühren 15 Minuten lang langsam kochen lassen. In einer Küchenmaschine die Mischung pürieren und durch ein feines Sieb in eine große Schüssel drücken, dabei fest auf die Feststoffe drücken.

b) In einem kleinen Topf Gelatine über Zitronensaft und Schnaps streuen, 5 Minuten weich werden lassen, dann die Mischung bei schwacher Hitze unter Rühren erhitzen, bis sich die Gelatine aufgelöst hat. Gelatine in das Nektarinenpüree einrühren und die Mischung gut vermischen. Auf Raumtemperatur abkühlen lassen.

c) Schlagen Sie die Sahne in einer gekühlten Schüssel, bis sie weiche Formen erhält (nicht so steif wie weiche Spitzen), und heben Sie sie unter die Nektarinenmischung.
d) Den Genoise putzen und horizontal in drei Schichten schneiden.
e) Pfirsichsirup: In einem kleinen Topf den Zucker und ¼ Tasse Wasser vermischen. Unter Rühren aufkochen, bis sich der Zucker aufgelöst hat, und den Schnaps einrühren. Lassen Sie den Sirup auf Raumtemperatur abkühlen. Zusammenbau: Legen Sie eine Schicht mittig auf den Boden einer Springform mit einem Durchmesser von 23 cm und bestreichen Sie sie mit der Hälfte des Pfirsichsirups. Die Hälfte der Mousse über den Kuchen gießen und mit einer weiteren Schicht Genoise belegen. Mit dem restlichen Pfirsichsirup bestreichen und die restliche Mousse über den Kuchen gießen. Klopfen Sie dabei auf den Rand der Form, um eventuelle Luftblasen zu entfernen und die Oberfläche zu glätten. 2 Stunden kalt stellen, oder bis es fest ist.
f) Pfirsichglasur: In einer kleinen Schüssel Gelatine über 3 EL kaltes Wasser streuen und 5 Minuten lang weich werden lassen. In einem kleinen Topf die Konfitüre und den Schnaps vermengen, die Mischung unter Rühren zum Kochen bringen und 1 Minute köcheln lassen. Nehmen Sie die Pfanne vom Herd, geben Sie die Gelatinemischung hinzu, rühren Sie, bis sich die Gelatine aufgelöst hat, und seihen Sie die Mischung durch ein feines Sieb in eine Schüssel, wobei Sie fest auf die Feststoffe drücken.
g) Zubereitung: Bis auf etwa 2 EL Pfirsichglasur vollständig über den Moussekuchen gießen, ihn vollständig bedecken und den Kuchen 2 Stunden lang oder bis die Glasur fest ist kalt stellen.
h) Während der Kuchen abkühlt, mahlen Sie die restliche Genoise-Schicht in einer Küchenmaschine zu feinen Krümeln. Rösten Sie die Krümel in einer Jelly-Roll-Pfanne im vorgeheizten Ofen bei 180 °C 5–8 Minuten lang oder bis sie goldbraun sind.
i) Reservieren.
j) Die Hälfte der Nektarine in dünne Scheiben schneiden und diese dekorativ in einem Windradmuster auf dem Kuchen

anordnen. Streichen Sie die restliche Glasur über die Nektarinenscheiben und kühlen Sie den Kuchen abgedeckt eine Stunde lang oder bis die neu aufgetragene Glasur fest ist.

k) Führen Sie ein dünnes Messer um den Rand der Pfanne herum und entfernen Sie den Rand der Pfanne. Über einem Blatt Wachspapier die Seiten des Kuchens mit den Kuchenkrümeln bestreichen.

l) Lassen Sie den Kuchen vor dem Servieren 20 Minuten bei Raumtemperatur stehen.

52. Grapefruitmousse

Ergibt: 6 Portionen

ZUTATEN:
- 2 Eigelb
- ⅓ Tasse Zucker
- 1 Packung geschmacksneutrale Gelatine
- 3 Esslöffel Gin
- 8 Unzen Grapefruitsaft
- 1 Teelöffel geriebene Grapefruitschale
- 1 Tasse Sauerrahm
- 2 Tassen Schlagsahne
- 3 Esslöffel Zucker
- 2 Eiweiß
- 2 Tassen geschnittene frische Erdbeeren
- Ganze Erdbeeren zum Garnieren

ANWEISUNGEN:

a) Eigelb und ⅓ Tasse Zucker in einer Edelstahlschüssel über dem heißen Wasserbad oder in der oberen Hälfte des Wasserbades schlagen, bis die Farbe heller und schaumig wird (ca. 2 Minuten). In Gin eingeweichte Gelatine zur Eimischung geben und weitere 2 Minuten weiterschlagen. Vom Herd nehmen und Grapefruitsaft, Schale und Sauerrahm hinzufügen. Gründlich mischen. 10 Minuten kühl stellen. In der Zwischenzeit Sahne mit 3 EL Zucker aufschlagen. Eiweiß schlagen, bis feste Spitzen entstehen.

b) Die Hälfte der Schlagsahne (die Hälfte zum Garnieren aufheben) unter die gekühlte Gelatinemischung heben. Mischen wird. Eiweiß unterheben. 4-6 Stunden kalt stellen. In Parfaitgläsern abwechselnd Mousse und Schichten geschnittener Erdbeeren servieren.

c) Mit restlicher Schlagsahne und ganzen Erdbeeren belegen.

53. Geröstete Haselnussmousse

Ergibt: 2 Portionen

ZUTATEN:
- 2 Eigelb
- 50 Gramm Zucker
- 25 Gramm ungesalzene Butter; geschmolzen
- 2 Esslöffel starker schwarzer Kaffee
- 100 Gramm Haselnüsse geröstet und gemahlen
- 100 Gramm Creme Fraiche

ANWEISUNGEN:
a) Das Eigelb schlagen, bis es hell ist, den Zucker hinzufügen und schlagen, bis die Masse dick ist.
b) Die geschmolzene Butter unterrühren und den Kaffee und die gemahlenen Haselnüsse unterrühren.
c) Die Crème fraîche verquirlen und vorsichtig, aber gründlich unter die Nussmischung heben. Kühlen

54. Honig-Lavendel-Mousse

Ergibt: 1 Portion

ZUTATEN:
- 3 Eigelb
- 4 ganze Eier
- 2 Esslöffel flüssiger Honig
- 3 Esslöffel Lavendelzucker; (siehe Methode)
- 5 Unzen Wasser
- ½ Pint Sahne
- ½ Unze vegetarische Gelatine
- 1 Zitrone; Saft von
- 5 Unzen Doppelcreme zur Dekoration

ANWEISUNGEN:

a) Um Lavendelzucker herzustellen, nehmen Sie 3 Köpfe frischer Lavendelblüten und 1 Unze Puderzucker. Geben Sie sie in die Küchenmaschine und pürieren Sie sie. Eine Woche lang in einem luftdichten Behälter ruhen lassen, dann die Blüten aussieben und verwenden. Wenn Sie möchten, können Sie die Blumen drin lassen.

b) Eigelb und ganze Eier in einer großen Schüssel vermischen. Erhitzen Sie das Wasser in einem Topf und gießen Sie den Honig und das Wasser hinein, sodass sich ein Sirup auflöst.

c) Geben Sie dies zu den Eiern und stellen Sie die Schüssel über einen Topf mit kochendem Wasser. Mit einem Elektrorührgerät verquirlen, bis die Masse dick und mousseartig ist (dies kann etwa 10 Minuten dauern). Nun vom Herd nehmen und weiter schlagen, bis die Schüssel kalt ist.

d) Die Gelatine im Zitronensaft auflösen und zur Mousse geben. Die Sahne leicht aufschlagen und zur Mousse geben. Die Creme sollte die gleiche Konsistenz haben.

e) Das Ganze vorsichtig unterheben. Stellen Sie dann die Schüssel unter ständigem Rühren auf Eis.

f) Sobald es fest ist, im Kühlschrank belassen.

g) Wenn die Masse fest ist, schlagen Sie die andere Sahne auf und spritzen Sie Rosetten auf die Mousse.

h) Mit kleinen Rosenknospen und Lavendel dekorieren.

55. Jamaikanischer Moussekuchen

Ergibt: 6 Portionen

ZUTATEN:
- 6 Unzen dunkle Schokolade
- 3 Esslöffel dunkler Rum
- 1¼ Tasse Sahne
- 2 Teelöffel brauner Zucker
- 1 Esslöffel Kaffee; schwarzheiß und stark
- 2 große Bananen; geschält und püriert, bis eine glatte Masse entsteht
- 3 Eier; getrennt
- Schokoladenröllchen zum Garnieren

ANWEISUNGEN:
a) Geben Sie die Schokolade in eine Schüssel und schmelzen Sie sie über einem Topf mit heißem Wasser. Den Rum und die Hälfte der Sahne unter die Schokolade rühren und gründlich verrühren, bis eine glatte Masse entsteht.
b) Den Zucker im Kaffee auflösen. Die zerdrückten Bananen in eine Schüssel geben und die Kaffee-Zucker-Mischung unterrühren. Das Eigelb zur Bananenmischung geben und gut verrühren. Weiter schlagen und die gesamte Schokoladenmischung hinzufügen.
c) Das Eiweiß verquirlen, bis eine steife Masse entsteht. Das geschlagene Eiweiß schnell, aber vorsichtig unter die Schokoladen-Bananen-Mischung heben. Die Masse in eine leicht gefettete, mit Backpapier ausgelegte Springform geben. Mindestens 2 Stunden kalt stellen, oder bis es vollständig fest und fest ist.
d) Lösen Sie vorsichtig die Ränder des Moussekuchens mit einem erwärmten Metallspatel und entformen Sie die Ränder der Form. Schieben Sie die Mousse vorsichtig vom Boden der Dose auf einen Servierteller. Die restliche Sahne dick schlagen und einen dekorativen Rand auf die Mousse-Torte spritzen. Mit Schokoladenröllchen bestreuen und vor dem Servieren gut abkühlen lassen.

56. Kahlua-Mousse

Ergibt: 4 Portionen

ZUTATEN:
- 2 Eigelb
- 2 Esslöffel Kahlua-Likör
- 3 Unzen halbsüße Schokolade
- ¼ Tasse Butter
- 2 Esslöffel Kahlua-Likör
- 2 Eiweiß
- 1½ Teelöffel Zucker
- 1 Tasse Schlagsahne
- Garnitur – Minzblätter und – Minzschokoladenstangen

ANWEISUNGEN:
a) Eigelb und 2 Esslöffel Kahlua im Wasserbad verrühren. ¼ Tasse Zucker einrühren und schlagen, bis die Masse leicht eingedickt ist und die Farbe heller wird.
b) Stellen Sie die Pfanne über kochendes Wasser. Kochen und rühren, bis es eingedickt ist, etwa 10 Minuten.
c) Stellen Sie den oberen Teil des Wasserbades in eine Schüssel mit kaltem Wasser. 3 bis 4 Minuten schlagen, bis die Mischung dick ist.
d) Schokolade und Butter zusammen schmelzen. Die restlichen 2 Esslöffel Kahlua unterrühren. Eimischung hinzufügen.
e) Eiweiß schlagen, bis sich weiche Spitzen bilden. Restlichen Zucker hinzufügen. Schlagen, bis sich steife Spitzen bilden. Zur Schokoladenmischung hinzufügen.
f) Schlagsahne steif schlagen. Unter die Schokoladenmischung heben.
g) Mousse in Parfaitgläser oder Dessertbecher füllen. Vor dem Servieren 3 Stunden kalt stellen.

57. Lauchmousse

Ergibt: 4 Portionen

ZUTATEN:

- 500 Gramm Lauch; in 2,5 cm (1 Zoll) große Scheiben schneiden (1 Pfund)
- 25 Gramm mehrfach ungesättigte Margarine; (1 Unze)
- 25 Gramm Mehl; (1 Unze)
- 4 Eier; getrennt
- Frisch gemahlener schwarzer Pfeffer

ANWEISUNGEN:

a) Heizen Sie den Ofen auf 400 °F vor.
b) Eine 1¼-Liter-Auflaufform oder vier Auflaufförmchen einfetten.
c) Geben Sie den Lauch in einen Dampfgarer, ein Metallsieb oder ein Sieb über einen Topf mit kochendem Wasser, decken Sie ihn ab und dämpfen Sie ihn 10 Minuten lang oder bis er weich ist. Etwa 10 Minuten abkühlen lassen.
d) Die Margarine in einem Topf schmelzen und das Mehl hinzufügen. Mit reichlich Pfeffer würzen und 2 Minuten kochen lassen. In eine große Schüssel umfüllen und etwas abkühlen lassen. Lauch und Eigelb dazugeben und gut vermischen.
e) Das Eiweiß steif, aber nicht trocken schlagen und dann unter die Lauchmischung heben. Löffeln Sie die Mischung vorsichtig in die vorbereitete Schüssel oder die Auflaufförmchen und backen Sie sie 20–25 Minuten lang im Ofen oder bis sie aufgegangen und fest geworden ist (15–20 Minuten für Auflaufförmchen).
f) Mit einem Salat, Ofenkartoffeln und knusprigem französischem Brot servieren.

58. Limettenmousse

Ergibt: 6 Portionen

ZUTATEN:
- 2 Umschläge geschmacksneutrale Gelatine
- ¼ Tasse kaltes Wasser
- 1 Tasse kochendes Wasser
- 1 Tasse frischer Limettensaft
- 1 Esslöffel abgeriebene Limettenschale
- ½ Tasse) Zucker
- 3 Tassen fettfreier Joghurtkäse*

ANWEISUNGEN:

a) Gelatine in kaltem Wasser auflösen. Kochendes Wasser hinzufügen und rühren, bis es sich aufgelöst hat. Limettensaft, Schale und Zucker hinzufügen.

b) Gut umrühren. Joghurt-Käse untermischen, bis eine glatte Masse entsteht (eine Küchenmaschine funktioniert gut). In eine tiefe 9-Zoll-Kuchenform gießen oder in kleine Behälter in Einzelportionsgröße füllen. Kühlen, bis es fest ist.

59. Zitronen-Kirsch-Nuss-Mousse

Ergibt: 8 Portionen

ZUTATEN:

- ½ Tasse ganze natürliche Mandeln
- 1 Umschlag geschmacksneutrale Gelatine
- 3 Esslöffel Zitronensaft
- 1 Tasse Kristallzucker; geteilt
- 1 Dose (12 oz) Kondensmilch
- 1 Dose (21 oz) Kirschkuchenfüllung und Topping
- 2 Teelöffel geriebene Zitronenschale
- ¼ Teelöffel Mandelextrakt
- 4 Eiweiß

ANWEISUNGEN:

a) Mandeln in einer Schicht auf dem Backblech verteilen. In einem auf 350 Grad vorgeheizten Ofen 12–15 Minuten unter gelegentlichem Rühren backen, bis es leicht geröstet ist. Abkühlen lassen und fein hacken.

b) Streuen Sie Gelatine über 3 Esslöffel Wasser in einen kleinen, schweren Topf. 2 Minuten stehen lassen, bis die Gelatine Wasser aufgenommen hat. Zitronensaft und ½ Tasse Zucker einrühren; Rühren Sie die Mischung bei schwacher Hitze, bis sich Gelatine und Zucker vollständig aufgelöst haben und die Flüssigkeit klar ist.

c) Kondensmilch in eine große Rührschüssel gießen; Kirschkuchenfüllung, Zitronenschale und Mandelextrakt unterrühren. Die gelöste Gelatinemischung einrühren und gründlich vermischen.

d) Kühlen, bis die Mischung dick ist und eine puddingartige Konsistenz hat.

e) Eiweiß schlagen, bis es hell und schaumig ist. Nach und nach den restlichen Zucker hinzufügen.

f) Weiter schlagen, bis eine steife Baisermasse entsteht. Baiser unter die Kirschmischung heben. Gehackte Mandeln vorsichtig unterheben.

g) Mousse in 8 Servierschüsseln verteilen. Vor dem Servieren abdecken und mindestens 2 Stunden oder über Nacht kalt stellen.

60. Zitronenbuttermousse

Ergibt: 12 Portionen

ZUTATEN:
- ⅓ Tasse frischer Zitronensaft; PLUS:
- 3 Esslöffel frischer Zitronensaft
- 1 Teelöffel fein abgeriebene Zitronenschale
- ¼ Unze geschmacksneutrale Gelatine
- 1 Tasse Sahne
- 6 Eier; getrennt, Raumtemperatur.
- ¼ Teelöffel Salz
- 3 Tassen gesiebter Puderzucker
- ¼ Pfund ungesalzene Butter; Raumtemperatur.

ANWEISUNGEN:

a) In einer kleinen hitzebeständigen Schüssel die erste Menge Zitronensaft und die Zitronenschale verrühren. Die Gelatine darüberstreuen und 10 Minuten lang weich werden lassen. Stellen Sie die Schüssel bei schwacher Hitze in einen Topf mit heißem Wasser und rühren Sie um, um die Gelatine aufzulösen. Vom Herd nehmen und auf Raumtemperatur abkühlen lassen.

b) In einer großen Schüssel Sahne schlagen, bis sie gerade steif ist. Abdecken und im Kühlschrank aufbewahren, bis es benötigt wird.

c) In einer tiefen Schüssel das Eiweiß mit dem Salz vermischen. Schlagen, bis sich weiche Spitzen bilden. Nach und nach 1 Tasse Puderzucker hinzufügen und schlagen, bis sich steife Spitzen bilden.

d) In einer anderen Schüssel die Butter schlagen, bis sie weich und schaumig ist. 1 Tasse Puderzucker hinzufügen und glatt rühren. Fügen Sie nacheinander die Eigelbe hinzu, abwechselnd mit der aufgelösten Gelatine und der restlichen 1 Tasse Puderzucker. Weiter schlagen, bis eine glatte Masse entsteht.

e) Ein Drittel des Eiweißes unterheben. Das restliche Eiweiß schnell, aber vorsichtig unterheben.

f) Den restlichen Zitronensaft mit der Schlagsahne verrühren und unter die Mousse heben. In eine Servierschüssel oder in Weingläser mit Stiel füllen, abdecken und etwa 3 Stunden im Kühlschrank lagern, bis es abgekühlt und fest geworden ist.

61. Zitronenquark-Mousse

Ergibt: 2 Portionen

ZUTATEN:
- ½ Tasse Sahne
- ½ Tasse Lemon Curd, zubereitet
- Frische Blaubeeren, abgespült und getrocknet
- Frische Minzzweige zum Garnieren

ANWEISUNGEN:

a) Mit gekühlten Rührbesen die Sahne dick aufschlagen. Die Schlagsahne unter den Lemon Curd heben. Entweder das Zitronenmousse unter die Blaubeeren mischen.

b) Oder schichten Sie Mousse, frische Blaubeeren und Mousse in ein Weinglas. Mit frischer Minze garnieren.

62. Zitronenmousse-Torte

Ergibt: 10 Portionen

ZUTATEN:

- 1 Tortenboden (9 Zoll); gebacken und abgekühlt
- 1 Umschlag geschmacksneutrale Gelatine
- ½ Tasse Zitronensaft
- ¼ Tasse Wasser
- 1 Teelöffel Zitronenschale; gerieben
- 8 Tropfen gelbe Lebensmittelfarbe
- 8 Unzen Frischkäse
- 1 Tasse Puderzucker
- 2 Tassen Schlagsahne; ausgepeitscht
- FÜLLUNG

ANWEISUNGEN:

a) Gelatine, Zitronensaft und Wasser vermischen und bei mittlerer Hitze rühren, bis sie sich aufgelöst hat. Schale und Lebensmittelfarbe einrühren. Beiseite legen. Frischkäse und Zucker glatt rühren und zur Gelatinemischung geben. 15 Minuten in den Kühlschrank stellen, bis es dickflüssig ist. Schlagsahne unterheben und in den Tortenboden löffeln. 1 Stunde kühl stellen oder bis es fest ist.

63. Zitronen-Erdbeer-Mousse-Kuchen

Ergibt: 1 Portion

ZUTATEN:
- 1 Tasse Allzweckmehl 250 ml
- ⅓ Tasse geröstete Haselnüsse oder Pistazien; fein gehackt
- 2 Esslöffel Kristallzucker 25 ml
- ½ Tasse ungesalzene Butter; in kleine Stücke schneiden
- 1 Eigelb 1
- 1 Esslöffel Zitronensaft 15 ml
- 2 Unzen Selbstgemachter oder handelsüblicher Biskuitkuchen 60 g
- 4 Tassen frische Erdbeeren 1 L
- 1 Umschlag geschmacksneutrale Gelatine 1
- ¼ Tasse Kaltes Wasser 50 ml
- 4 Eigelb 4
- ¾ Tasse Kristallzucker; geteilt 175 ml
- ¾ Tasse Zitronensaft 175 ml
- 1 Esslöffel fein abgeriebene Zitronenschale 15 ml
- 4 Unzen Frischkäse 125 g
- 1¾ Tasse Schlagsahne 425 ml
- Gehackte geröstete Pistazien
- Gesiebter Puderzucker

ANWEISUNGEN:
a) Backofen auf 190 °C vorheizen.
b) Für den Teig in einer großen Schüssel Mehl mit Nüssen und Kristallzucker vermischen. Butter hineinschneiden, bis sie in winzige Stücke zerfällt.
c) Eigelb mit Zitronensaft verrühren. Über die Mehlmischung streuen und den Teig zu einer Kugel formen. Rollen oder drücken Sie den Teig so, dass er auf den Boden einer 23 oder 25 cm großen Springform passt.
d) 20 bis 25 Minuten backen oder bis es leicht gebräunt ist. Biskuit in kleine Stücke brechen und auf den Teig streuen.

e) Acht der besten Erdbeeren für die Toppings reservieren. Übrige Beeren schälen.
f) Schneiden Sie etwa zwölf gleichgroße Beeren in zwei Hälften und legen Sie sie um den Rand der Form, wobei Sie die abgeschnittene Seite der Beeren gegen den Rand drücken. Ordnen Sie die restlichen Beeren so an, dass sie mit den Spitzen nach oben in die Form passen.
g) Für die Füllung Gelatine über kaltes Wasser in einem kleinen Topf streuen.
h) 5 Minuten weich werden lassen. Vorsichtig erhitzen, bis es sich aufgelöst hat.
i) In einem mittelgroßen Topf 4 Eigelb mit ½ Tasse/125 ml Kristallzucker schaumig schlagen. Zitronensaft unterrühren und schälen. Unter ständigem Rühren kochen, bis die Mischung eindickt und gerade zum Kochen kommt. Aufgelöste Gelatine einrühren.
j) Cool.
k) In einer großen Schüssel Frischkäse mit der restlichen ¼ Tasse/50 ml Kristallzucker verrühren. Kühle Zitronencreme unterrühren.
l) Schlagsahne in einer separaten Schüssel schlagen, bis sie hell ist. Unter die Zitronencreme heben.
m) Über die Beeren gießen. Die Pfanne leicht schütteln, damit die Zitronenmischung zwischen die Beeren fällt und eine gleichmäßige Oberfläche entsteht. 3 bis 4 Stunden lang oder bis es fest ist im Kühlschrank lagern. Führen Sie das Messer um den Rand der Pfanne und entfernen Sie die Seiten. Kuchen auf eine Servierplatte legen. (Entfernen Sie den Springformboden nur, wenn er sich leicht lösen lässt.) Legen Sie 2,5 cm lange Streifen Wachspapier auf die Oberseite des Kuchens und lassen Sie dazwischen Freiräume. Zwischenräume mit Pistazien bestreuen. Papier vorsichtig entfernen. Die Schalen der reservierten Beeren belassen und halbieren. Ordnen Sie die Beeren in Reihen entlang leerer Streifen an. Mit Puderzucker bestäuben. Bis zum Servieren kühl stellen.

64. Zitronen-Joghurt-Mousse

Ergibt: 6 Portionen

ZUTATEN:
- 1 Tasse fettarmer Naturjoghurt
- 1½ Teelöffel geschmacksneutrale Gelatine
- 3 Esslöffel kaltes Wasser
- ¼ Tasse Zucker
- ½ Tasse frischer Zitronensaft
- Schale von 1/2 Zitrone
- 1 großes Ei
- 1 großes Eigelb
- 2 Teelöffel Orangenlikör
- 4 große Eiweiße
- 4 Teelöffel Wasser
- ¼ Teelöffel Weinstein

ANWEISUNGEN:

a) Geben Sie den Joghurt in ein mit einem Kaffeefilter ausgelegtes Sieb. Über eine Schüssel geben, abdecken und 12–24 Stunden im Kühlschrank lagern. Entsorgen Sie die aus dem Joghurt auslaufende Flüssigkeit; Sie sollten noch etwa eine halbe Tasse abgetropften Joghurt übrig haben.

b) Die Gelatine über das kalte Wasser streuen und mindestens 5 Minuten stehen lassen.

c) Zerkleinern Sie die Zitronenschale mit ¼ Tasse Zucker, bis die Schale so fein ist wie der Zucker. In einen kleinen Topf geben und Zitronensaft, Ei und Eigelb hinzufügen. Schneebesen, bis alles glatt ist. Bei mittlerer Hitze unter ständigem Rühren kochen, bis die Mischung dick genug ist, um die Rückseite eines Holzlöffels zu bedecken. In eine Schüssel abseihen und Gelatinemischung und Orangenlikör unterrühren. Kühlen, bis die Mischung anfängt einzudicken und fest zu werden, aber noch nicht vollständig geliert ist.

d) Um ein sicheres Baiser zuzubereiten, vermischen Sie Eiweiß, Wasser, Weinstein und ¼ Tasse Zucker im Wasserbad. Über kochendem Wasser unter ständigem Rühren kochen, bis die Mischung einen Wert von 160 °C hat. Sofort in die Schüssel eines Elektromixers füllen. Mit hoher Geschwindigkeit schlagen und nach und nach den restlichen Zucker hinzufügen, bis das Eiweiß gar, dick und glänzend ist (ca. 5 Minuten).

e) Den Joghurt mit der Zitronen-Eigelb-Mischung verrühren und glatt rühren. Diese Mischung vorsichtig zu Eiweiß unterheben. In 6 einzelne Servierbecher füllen und vor dem Servieren mindestens 2 Stunden kalt stellen. Vor dem Servieren 5–10 Minuten bei Zimmertemperatur stehen lassen, um den vollen Geschmack zu entfalten.

65. Limettenmousse-Torte

Ergibt: 1 Portionen

ZUTATEN:
7 Hinterlässt geschmacksneutrale Gelatine
½ Tasse Wasser
6 Eier
5½ Tasse frische Schlagsahne
1 Engelskuchen;
1½ Tasse Zucker
2 Esslöffel Rum oder Orangenlikör
¾ Tasse Limettensaft

ANWEISUNGEN:
a) Eine Springform mit Backpapier auslegen.
b) Legen Sie eine sehr dünne Schicht des Engelskuchens oder eines anderen übriggebliebenen weißen Kuchens in die Form.
c) Mit Rum oder Likör bestreuen. Kühlen.
d) Lösen Sie die Gelatine im Wasser auf.
e) Das Eigelb mit der Hälfte des Zuckers zitronengelb aufschlagen. Gelatine und Limettensaft unterrühren. Während Sie die Creme zubereiten, kühl stellen.
f) Schlagen Sie die Sahne auf und fügen Sie dann die Hälfte des Zuckers hinzu, um Chantilly zuzubereiten. In die Limetten-Gelatine-Mischung einrühren. 1 Stunde kalt stellen.
g) Eiweiß schlagen, bis weiche Spitzen entstehen. Langsam unter die Limettenmischung heben.
h) Die Mischung in die vorbereitete Pfanne gießen. Einfrieren.
i) Den Kuchen 6 Stunden vor dem Servieren aus dem Gefrierschrank nehmen und in den Kühlschrank stellen oder 1 Stunde vor dem Servieren bei Zimmertemperatur stehen lassen.

66. Macadamia-Rum-Mousse-Kuchen

Ergibt: 4 Portionen

ZUTATEN:
MACADAMIA-Krümelkruste und Topping
- 1 Tasse fein gehackte Macadamia-Stücke
- 1¼ Tasse ungebleichtes Allzweckmehl
- ⅛ Teelöffel Salz
- ½ Tasse) Zucker
- ½ Teelöffel Zimt
- 1 Stange ungesalzene Butter, geschmolzen und abgekühlt

MACADAMIA-RUM-FÜLLUNG:
- 1½ Tasse Sahne
- ⅓ Tasse Wasser
- 1½ Umschläge geschmacksneutrale Gelatine
- 4 Eigelb
- ⅓ Tasse dunkler Rum
- ½ Tasse hellbrauner Zucker
- ½ Tasse gehackte, geröstete Macadamias
- 1 Tasse Sahne zum Schluss,

ANWEISUNGEN:

a) Den Backofen auf 400 Grad vorheizen.

b) Für die Krümelkruste: Nüsse, Mehl, Salz, Zucker und Zimt in eine Rührschüssel geben und gut verrühren. Die geschmolzene Butter einrühren und weiterrühren, bis die Mischung die Butter aufgesogen hat. Brechen Sie die Mischung in gleichmäßige ½ bis ¼ Zoll große Krümel und reiben Sie sie mit den Fingerspitzen. Geben Sie die Hälfte der Krümelmischung in eine 9-Zoll-Pyrex-Kuchenform und drücken Sie mit den Fingerspitzen darauf, um die Form gleichmäßig auszukleiden. Legen Sie die restliche Krümelmischung in einer gleichmäßigen Schicht von ½ Zoll auf ein Backblech. Backen Sie die Kruste und die Krümel auf der mittleren Schiene des Ofens etwa 20 Minuten lang, bis sie knusprig und hellgolden sind. Kruste und Krümel auf Gittern abkühlen lassen.

c) Für die Mousse-Füllung: Die Sahne schlagen, bis weiche Spitzen entstehen, und im Kühlschrank aufbewahren. Streuen Sie die Gelatine in einer kleinen, hitzebeständigen Schüssel auf das Wasser. 5 Minuten einweichen lassen, dann über einen kleinen Topf mit siedendem Wasser stellen und schmelzen lassen, während die Füllung zubereitet wird.

d) Wenn die Gelatine geschmolzen ist, aus der Pfanne nehmen und abkühlen lassen.

e) In der Schüssel eines Elektromixers oder einer anderen hitzebeständigen Schüssel das Eigelb verquirlen. Den Rum und dann den Zucker unterrühren. Über einen Topf mit leicht köchelndem Wasser geben und unter ständigem Rühren ca. 3 Minuten lang verrühren, bis die Masse eingedickt ist. Wenn die Eigelbmischung zu heiß wird, kann es zu Rühren kommen.

f) Die Schüssel aus dem Wasser nehmen und mit der Maschine bei mittlerer Geschwindigkeit schlagen, bis es auf Raumtemperatur abgekühlt ist. Die aufgelöste Gelatine einrühren, dann die Schlagsahne und die gehackten Nüsse unterheben.

g) Die Füllung in die abgekühlte Schale füllen und die Oberseite glatt streichen. Locker mit Plastikfolie abdecken und mindestens 6 Stunden kalt stellen, bis es fest ist.

h) Zum Schluss den Kuchen mit den gebackenen Streuseln belegen. Oder schlagen Sie die optionale Sahne auf, verteilen Sie die Hälfte auf der Mousse und bestreuen Sie sie mit den Krümeln. Anschließend mit einem Spritzbeutel mit Sternschlauch einen Rand aus Rosetten der restlichen Creme um den Rand der Torte spritzen.

67. Mango-Tango-Mousse

Ergibt: 6 Portionen

ZUTATEN:
- 2 große reife Mangos; geschält; entkernt (je 3/4 Pfund)
- Je 1 Umschlag geschmacksneutrale Gelatine (1 EL)
- Jeweils ½ Zitrone (Saft davon)
- 1 Tasse fettarmer oder fettfreier Joghurt
- 1 Teelöffel Vanilleextrakt
- ¼ Tasse (plus 2 EL) Puderzucker
- 2 große Eiweiße, zimmerwarm

ANWEISUNGEN:

a) Mangos in der Küchenmaschine oder im Mixer pürieren. Sie sollten etwa 1 Tasse haben. Bei faserigen Stoffen sieben. Beiseite legen.

b) Gelatine in Zitronensaft in einem kleinen Topf einweichen.

c) Stellen Sie die Pfanne auf sehr niedrige Hitze und rühren Sie 2 Minuten lang, bis die Gelatine klar und aufgelöst ist. Zum Mangopüree hinzufügen. Joghurt und Vanille hinzufügen. Den Zucker in das Püree sieben und die Mischung glatt rühren.

d) Unter gelegentlichem Rühren abkühlen lassen, bis die Mischung anfängt einzudicken.

e) Eiweiß fast steif schlagen. Etwas Eiweiß unter die Mangomasse rühren. Das restliche Eiweiß vorsichtig unterheben.

f) Gießen Sie die Mousse in eine attraktive Servierschüssel oder 6 hübsche Glasschalen.

g) Mindestens 2 Stunden kalt stellen, bis es fest ist. Nach Belieben mit Früchten garnieren.

68. Ahornmousse

Ergibt: 1 Charge

ZUTATEN:
- 1 Umschlag reine Gelatine
- ¼ Tasse kaltes Wasser
- 4 Eier, getrennt
- 1 Tasse echter Ahornsirup
- ¼ Teelöffel Weinstein
- 2 Tassen Schlagsahne

ANWEISUNGEN:
a) Gelatine in kaltem Wasser einweichen. 4 Eigelb schaumig schlagen. Ahornsirup hinzufügen. Gut mischen. Gelatine hinzufügen. In einen Topf gießen. Bei sehr schwacher Hitze unter ständigem Rühren etwa 10 Minuten kochen lassen. (Sollte ziemlich dick sein).
b) Cool. Eiweiß schlagen; Weinstein dazugeben und schlagen, bis sich steife Spitzen bilden. Gelatinemischung, Eiweiß und Schlagsahne verrühren.
c) In Dessertschalen füllen und servieren. Nach Belieben mit Nüssen bestreuen.

69. Ahorn-Walnuss-Mousse-Torte

Ergibt: 8 Portionen

ZUTATEN:
- 3 Eier, getrennt
- ⅛ Teelöffel Salz
- ¾ Tasse Ahornsirup
- 2 Tassen Kool Whip
- 1 Tasse Walnussfleisch, gehackt
- 2 Esslöffel halbsüße Schokolade, geraspelt
- 1 Schokoladen-Streuselkuchen-Hülle

ANWEISUNGEN:

a) Eigelb schlagen, bis es zitronenfarben ist. Salz und Ahornsirup hinzufügen. Im Wasserbad kochen, bis die Eigelbmischung eindickt. Cool. Eiweiß steif schlagen. Ahornmischung, Eiweiß und ⅔ des Kool Whip mit einer Faltbewegung vermengen. Eine ¾ Tasse des Nussfleischs unterheben. In die gebackene Tortenschale kratzen. Mit dem restlichen Schlagsahne bedecken. Mit restlichem Nussfleisch und Schokoladenspänen bestreuen. Mindestens vier Stunden einfrieren.

70. Mousse a l'orange

Ergibt: 6 Portionen

ZUTATEN:
4 rubinrote Orangen
75 Gramm Puderzucker; (3 Unzen)
1 Limette oder kleine Zitrone; Saft von
2 Teelöffel Gelatinepulver, eingeweicht in 2 Esslöffel Wasser
284 ml Doppelrahm; geschlagen (10 floz)
Frische Minze und Schlagsahne zum Dekorieren

ANWEISUNGEN:
a) Die Orangen halbieren, das Fruchtfleisch herauskratzen und in einen Mixer oder eine Küchenmaschine geben. Puderzucker und Limetten- oder Zitronensaft hinzufügen und glatt rühren.
b) Erhitzen Sie die Gelatine vorsichtig, bis sie sich aufgelöst hat. Etwas abkühlen lassen.
c) Die abgekühlte Gelatine unter das Orangenpüree mischen und die Sahne unterheben.
d) In einzelne Servierschalen füllen und kalt stellen, bis es fest ist.
e) Mit frischer Minze und Sahne dekorieren.

71. Olivengarten-Himbeer-Mousse-Käsekuchen

Ergibt: 6 Portionen
ZUTATEN:
HIMBEERMOUSSE
- 1½ Teelöffel Gelatine
- 1½ Esslöffel kaltes Wasser
- ½ Tasse Himbeerkonfitüre
- 2 Esslöffel Zucker
- 1 Tasse Schlagsahne

FÜLLUNG
- 1 Pfund Frischkäse; weich
- ½ Tasse) Zucker
- 2 Eier
- ½ Teelöffel Vanille
- 1 9-Zoll-Schokoladenkrümelkruste vorbereitet

ANWEISUNGEN:

a) Backofen auf 325°C vorheizen. Frischkäse, Zucker, Eier und Vanille mit einem Elektromixer auf mittlerer Stufe etwa 3 bis 4 Minuten lang gut verrühren. In die vorbereitete Kruste gießen. Auf ein Backblech legen und 25 Minuten backen. Auf Kühltemperatur abkühlen lassen.

b) MOUSSE – Gelatine über kaltes Wasser streuen, umrühren und 1 Minute stehen lassen.

c) Mikro auf HIGH für 30 Sekunden oder bis sich die Gelatine vollständig aufgelöst hat. (Oder mit 1 weiteren EL Wasser auf dem Herd erhitzen.) Gelatine mit Konserven vermischen. 10 Minuten kalt stellen. CREME – Sahne schlagen, bis sich weiche Spitzen bilden. 2 EL Zucker hinzufügen und weiter schlagen, bis sich steife Spitzen bilden. Für die Mousse 1,5 Tassen Schlagsahne abmessen und beiseite stellen.

d) Restliche Sahne zum Bestreichen kühl stellen. Die Himbeermischung vorsichtig unter die abgemessene Schlagsahne heben. Himbeermousse auf dem gekühlten Käsekuchen verteilen, dabei eine leichte Erhebung in der Mitte bilden. 1 Stunde vor dem Servieren kalt stellen. Zum Servieren den Käsekuchen in 6 Portionen schneiden und jedes Stück mit einem Klecks übriggebliebener Schlagsahne belegen.

72. Passionsfrucht-Mousse

Ergibt: 8 Portionen

ZUTATEN:

- 1 Dose Kondensmilch; über Nacht gekühlt
- 8 Gelatineblätter oder 1 1/2 Packung Gelatinepulver
- 2 Tassen Passionsfruchtsaft
- 1½ Tasse Zucker
- ½ Tasse Wasser

ANWEISUNGEN:

a) Gelatine in Wasser auflösen. Mit einem elektrischen Rührgerät die Kondensmilch aufschlagen, bis sie fest und schaumig ist. Zucker hinzufügen und 1 Minute schlagen. Gelatine einrühren. Saft einrühren. In eine geölte Form geben und mindestens 6 Stunden kalt stellen. Aus der Form lösen und mit Passionsfruchtsauce oder einer anderen Fruchtsauce Ihrer Wahl servieren.

73. Pfirsichmousse

Ergibt: 1 Portionen

ZUTATEN:
- 2 Tassen Pfirsiche; frisch - geschnitten
- ⅔ Tasse Zucker
- 3 Tropfen Mandelextrakt
- 2 Tassen Sahne; ausgepeitscht

ANWEISUNGEN:
a) Pfirsiche schälen und in Scheiben schneiden, mit Zucker bedecken und eine Stunde stehen lassen. Waschen und durch ein Sieb passieren. Sahne unterheben, steif schlagen, Mandelaroma hinzufügen. In ein Blech füllen und ohne Rühren einfrieren.

74. Ananas-Orangen-Mousse

Ergibt: 6 Portionen

ZUTATEN:
- ¾ Tasse Orangensaft
- ¾ Tasse Ananassaft
- ⅓ Tasse Zucker
- Einige Körner Salz
- 2 Tassen Kondensmilch
- 1 Tasse zerkleinerte Ananas

ANWEISUNGEN:
a) Fruchtsäfte, Ananas, Zucker und Salz vermischen. In die Form gießen.
b) In Eis und Salz einpacken. Teilweise einfrieren. Umpacken.
c) Steif geschlagene Kondensmilch vorsichtig unterheben. 4 Stunden stehen lassen.

75. Pralinen-Kürbismousse

Ergibt: 8 Portionen

ZUTATEN:
- 1 Tasse kalte Milch
- 16 Unzen Kürbis
- 2 Packungen (je 4 Portionen) JELL-O Instant-Pudding mit Vanillegeschmack
- 1¼ Teelöffel Kürbiskuchengewürz
- 2 Tassen aufgetautes COOL WHIP Schlagsahne-Topping
- 2 Esslöffel Butter oder Margarine
- ½ Tasse gehackte Pekannüsse oder Walnüsse
- ⅓ Tasse Fest gepackter brauner Zucker

ANWEISUNGEN:

a) Gießen Sie die Milch in eine große Schüssel. Kürbis, Puddingmischungen und Kürbiskuchengewürz hinzufügen. Mit dem Schneebesen 1 Minute lang schlagen, bis alles gut vermischt ist. (Die Mischung wird dickflüssig.) Den geschlagenen Belag sofort unterrühren. In 8 Dessertgläser füllen.

b) 4 Stunden im KÜHLEN STELLEN oder bis es fest ist.

c) Butter, Pekannüsse und Zucker in einer kleinen Schüssel vermischen. Kurz vor dem Servieren mit der Pekannussmischung bestreuen. Mit zusätzlichem Schlagsahne, gemahlenem Zimt, frischer Minze und Johannisbeeren garnieren. Restliche Mousse im Kühlschrank aufbewahren.

76. Königliches Camembert-Mousse

Ergibt: 6 Portionen

ZUTATEN:
- ¼ Tasse kaltes Wasser
- 1 Esslöffel geschmacksneutrale Gelatine
- 2½ Unzen Camembertkäse
- 3¾ Unzen Roquefort-Käse
- 1 Teelöffel Worcestershire-Sauce
- 1 Ei getrennt
- ½ Tasse Schlagsahne, geschlagen
- Petersilie zum Garnieren

ANWEISUNGEN:

a) Gelatine in Wasser einweichen. Stellen Sie die Tasse in heißes Wasser, bis sie sich aufgelöst hat. Den Käse glatt rühren. Worcestershire, Eigelb und dann Gelatine unterrühren. Eiweiß steif schlagen. Mit der Sahne unter die Käsemischung heben. In eine 2- oder 3-Tassen-Form gießen. Über Nacht kühl stellen.

b) Aus der Form lösen und mit Petersilie garnieren

77. Mandarinenmousse und Variationen

Ergibt: 1 Mousse

ZUTATEN:
- ¾ Pfund bis 1 Pfund Mandarinen
- 3 Esslöffel kaltes Wasser
- 1½ Teelöffel Gelatine
- 3 Eier
- ¼ Tasse plus 1 EL Zucker
- 1 Tasse Schlagsahne
- Zitronensaft

ANWEISUNGEN:

a) Mandarinen gut waschen und die Schale in feine Streifen reiben und in eine Schüssel geben. Die Mandarinen entsaften und ⅔ c Saft in dieselbe Schüssel abseihen, dabei überschüssigen Saft auffangen. Geben Sie kaltes Wasser in einen kleinen Topf und streuen Sie die Gelatine hinein. Die Eier mit dem Zucker schlagen, bis eine leichte Spitze entsteht. Schlagen Sie die Sahne, bis sich weiche Spitzen bilden. Die Gelatine bei schwacher Hitze auflösen.

b) Die Saft-Schalen-Mischung langsam unter ständigem Rühren zur Gelatine geben.

c) Die Schlagsahne unter die Ei-Zucker-Mischung heben. Gießen Sie die Gelatine-Saft-Mischung in die Sahnemischung und rühren Sie kräftig um, wo der Saft hineinkommt, damit er nicht geliert, bevor er gründlich vermischt ist. Es neigt sonst zum Gelieren und zur Bildung kleiner Klümpchen. Probieren Sie es ab und fügen Sie etwas vom zurückbehaltenen Saft oder etwas Zitronensaft hinzu, wenn Sie mehr Säure oder einen stärkeren Geschmack wünschen. Mehrere Stunden oder über Nacht kalt stellen, dabei in der ersten Stunde gelegentlich umrühren, damit es sich nicht löst. In einem Glas servieren, mit ein paar Mandarinenschalenschnitzeln garniert und mit Spitzenkeksen servieren.

78. Ananasmousse mit gerösteten Kokosraspeln

Ergibt: 4 Portionen

ZUTATEN:
- 1 frische Ananas; geschält, entkernt, püriert
- ½ Tasse Sahne
- 6 Eigelb
- 1 Esslöffel Maisstärke
- ½ Tasse) Zucker
- ¼ Tasse Wasser
- 6 Eiweiß
- ¼ Tasse Kokosnuss, geraspelt
- 2 Esslöffel Puderzucker

ANWEISUNGEN:

a) In einen mittelgroßen Topf das Ananaspüree und die Sahne geben und verrühren. Erhitzen Sie die Mischung 8 bis 10 Minuten lang auf mittlerer Stufe oder bis ein Sirup entsteht. Halten Sie es warm.

b) In eine kleine Schüssel das Eigelb und die Maisstärke geben und verrühren. Das Eigelb zur Sahnemischung hinzufügen. Unter ständigem Schlagen die Mischung 6 bis 8 Minuten lang kochen, oder bis sie die Konsistenz einer mittelgroßen Schlagsahne hat. Leg es zur Seite.

c) In eine kleine Schüssel das Eiweiß geben. Schlagen Sie sie mit einem Elektromixer bei niedriger Geschwindigkeit 2 bis 3 Minuten lang oder bis sie schaumig sind.

d) Stellen Sie den Elektromixer auf höchste Stufe und gießen Sie die Zucker-Wasser-Mischung langsam über den Schüsselrand, während Sie das Eiweiß weiter schlagen.

e) Schlagen Sie die Mischung weitere 8 bis 10 Minuten weiter, oder bis das Baiser sehr glänzend ist und der Boden der Rührschüssel abgekühlt ist.

f) Die Sahnemischung zum Baiser geben und vorsichtig unterheben.

g) Heizen Sie den Ofen auf 400 °F vor. Geben Sie die Mischung in jede der 4 kleinen Auflaufformen, sodass die Schüsseln zur Hälfte gefüllt sind. Die Kokosraspeln hinzufügen. Füllen Sie die Schüsseln mit der restlichen Mischung auf. Den Puderzucker darüber streuen. Backen Sie die Mousse 8 bis 10 Minuten lang oder bis sie fest ist. Nehmen Sie es aus dem Ofen.

h) Legen Sie die Mousse 30 Sekunden lang oder bis der Zucker karamellisiert ist, unter einen vorgeheizten Grill.

MOUSSE-BECHER

79. Vanille-Mousse-Becher

Macht: 6

ZUTATEN:
- 8 Unzen Frischkäseblock, weich
- 1/2 Tasse Zuckerersatz wie Swerve
- 1 1/2 Teelöffel Vanilleextrakt
- Prise Meersalz
- 1/2 Tasse schwere Schlagsahne
- Himbeeren zum Garnieren

ANWEISUNGEN:
a) Geben Sie die ersten vier Zutaten in eine Küchenmaschine oder einen Mixer.
b) Mischen, bis alles gut vermischt ist.
c) Geben Sie bei laufendem Mixer langsam die Sahne hinzu.
d) Weiter mixen, bis die Masse eingedickt ist, etwa 1–2 Minuten. Die Konsistenz sollte mousseartig sein.
e) Bereiten Sie eine Cupcake- oder Muffinform mit 6 Papierförmchen vor und portionieren Sie die Mischung in die Förmchen.
f) Im Kühlschrank ruhen lassen, bis es fest ist, und mit einem Topping aus Himbeeren genießen!

80. S'mores Schokoladenmoussebecher

Ergibt: 4 Portionen

ZUTATEN:
- 1 Tasse Graham-Cracker-Krümel
- 2 Eigelb
- ¼ Tasse Zucker
- ½ Tasse Schlagsahne
- ½ Tasse Schokolade
- ¾ Tasse Schlagsahne

ANWEISUNGEN:

a) Eigelb in einer kleinen Schüssel mit einem Elektromixer bei hoher Geschwindigkeit etwa 3 Minuten lang schlagen, bis es dickflüssig und zitronenfarben ist. Den Zucker nach und nach unterrühren.

b) Erhitzen Sie eine halbe Tasse Schlagsahne in einem 2-Liter-Topf bei mittlerer Hitze, bis sie heiß ist. Mindestens die Hälfte der heißen Schlagsahne nach und nach unter die Eigelbmasse rühren; In einem Topf wieder in die heiße Sahne einrühren. Bei schwacher Hitze etwa 3 Minuten unter ständigem Rühren kochen, bis die Mischung eindickt.

c) Schokoladenstückchen unterrühren, bis sie geschmolzen sind. Abdecken und etwa 2 Stunden im Kühlschrank lagern, dabei gelegentlich umrühren, bis es abgekühlt ist.

d) ¾ Tassen Schlagsahne in einer gekühlten mittelgroßen Schüssel mit einem Elektromixer bei hoher Geschwindigkeit steif schlagen. Die Schokoladenmischung unter die Schlagsahne heben.

e) Die Mischung in Servierschüsseln spritzen oder löffeln. Restliches Dessert nach dem Servieren sofort in den Kühlschrank stellen.

f) Mit Marshmallow-Creme und Riesen-Marshmallow-Toast belegen.

81. Kaffee-Mousse-Tassen

Macht: 4

ZUTATEN
- 2 1/2 Esslöffel Puderzucker
- 4 Eier
- 3/4 Tasse + 2 Esslöffel Sahne
- 3 Esslöffel Instantkaffeepulver – oder Espressopulver
- 1 Esslöffel ungesüßtes Kakaopulver – optional
- 1 Teelöffel Gelatinepulver
- 1 Esslöffel Instantkaffeepulver und Kakaopulver, gemischt – optional, zum Abschluss der Mousse

ANWEISUNGEN

a) Eigelb und Eiweiß trennen. Geben Sie das Eigelb in eine große Schüssel und das Eiweiß in die Schüssel Ihres Mixers. Beiseite legen.

b) Geben Sie das Gelatinepulver in eine kleine Schüssel mit kaltem Wasser, vermischen Sie es und stellen Sie es zum Einweichen beiseite.

c) Den Puderzucker zum Eigelb geben und verrühren, bis die Masse schaumig und heller ist.

d) Geben Sie die Sahne, das Instantkaffeepulver und das Kakaopulver in einen kleinen Topf und erhitzen Sie ihn bei schwacher Hitze, bis sich die Pulver aufgelöst haben, dabei gelegentlich umrühren. Lassen Sie die Sahne nicht kochen.

e) Die heiße Sahne unter Rühren über das Eigelb und den Zucker gießen. Gut verquirlen und dann bei schwacher Hitze zurück in den Topf geben. Rühren Sie weiter, bis die Sahne einzudicken beginnt, nehmen Sie sie dann direkt vom Herd und geben Sie sie zurück in eine große, saubere Schüssel.

f) Die rehydrierte Gelatine zur Sahne geben und gut verrühren, bis sie vollständig eingearbeitet ist. Zum vollständigen Abkühlen beiseite stellen.

g) Während die Sahne abkühlt, beginnen Sie mit dem Schlagen des Eiweißes, bis eine steife Masse entsteht.

h) Wenn die Sahne abgekühlt ist, das geschlagene Eiweiß vorsichtig drei bis vier Mal unterheben. Versuchen Sie, die Creme nicht zu stark zu verwenden.

i) Gießen Sie die Kaffeemousse in einzelne Tassen oder Gläser und stellen Sie sie für mindestens 2 Stunden in den Kühlschrank.

j) Optional: Streuen Sie zum Servieren etwas Instantkaffeepulver und Kakaopulver über die Mousses, um sie zu vervollständigen.

82. Gesalzene Karamell-Moussebecher

ZUTATEN
STREUSEL
- 1/4 Tasse Allzweckmehl
- 1/4 Tasse Mandelmehl
- 1/4 Tasse brauner Zucker
- 4 Esslöffel Butter

KARAMELLMOUSSE
- 1 Packung Frischkäse, weich
- 1 Teelöffel Vanille
- 1/3 Tasse Karamell
- 1 Dose Schlagsahne als Topping

BELAG
- 3 Esslöffel Schlagsahne als Topping
- Karamell

ANWEISUNGEN
STREUSEL
a) Mehl, Mandelmehl, braunen Zucker und Butter in einer Schüssel vermischen. Mischen Sie alles mit den Fingern, bis es krümelig ist. Auf einem mit Backpapier oder Folie ausgelegten Backblech verteilen und backen, bis es anfängt zu bräunen.

b) Auf einem Kuchengitter abkühlen lassen. Die Mischung mit den Fingern zerkrümeln und auf 3 kleine Gläser verteilen.

MOUSSE
c) In einem Standmixer Frischkäse und Karamell verrühren. Fügen Sie eine Wanne Cool Whip und Vanille hinzu und verrühren Sie alles, bis es eingearbeitet ist. Geben Sie die Mousse in einen Spritzbeutel und spritzen Sie die Mousse in die Gläser auf den Streuseln.

d) 4-6 Stunden oder über Nacht im Kühlschrank lagern.

e) Zum Servieren 1 Esslöffel Karamell auf jedes Glas und einen Klecks Schlagsahne geben.

83. Nutella-Mousse-Becher

Ergibt: 3-4 Portionen

ZUTATEN
- ½ Tasse Frischkäse, weich
- ⅓ Tasse Nutella
- ½ Esslöffel Vanilleextrakt
- ⅔ Tasse Sahne
- 1 Esslöffel Kristallzucker
- 1 Esslöffel Kakaopulver, ungesüßt

ANWEISUNGEN

a) In einer großen Rührschüssel den Frischkäse mit einem Handmixer schlagen, bis er leicht und locker ist.
b) Nutella und Vanilleextrakt hinzufügen und weiter schlagen, bis alles glatt und vollständig vermischt ist.
c) In einer separaten kleineren Rührschüssel die Sahne mit dem Handmixer auf niedriger bis mittlerer Geschwindigkeit schlagen, bis weiche Spitzen entstehen. Geben Sie den Zucker und das Kakaopulver hinzu, stellen Sie den Mixer auf die höchste Stufe und schlagen Sie weiter, bis eine steife Masse entsteht.
d) Die Schlagsahne-Mischung vorsichtig unter die Nutella-Frischkäse-Mischung heben, bis sie vollständig vermischt ist und keine Streifen mehr sichtbar sind.
e) Füllen Sie die Mousse in individuell große Portionsbecher. Sie können sie pfeifen, um die Übertragung zu erleichtern. Zu diesem Zeitpunkt ist die Mousse sehr weich. Mindestens 2 Stunden in den Kühlschrank stellen, damit die Mousse fest wird. Wenn Sie Zeit haben, lassen Sie es über Nacht stehen.
f) Servieren Sie es so oder garnieren Sie die Maus mit Ihren Lieblingszutaten wie Schlagsahne und gehobelter Schokolade.

MOUSSE-KUPPELN

84. Erdbeer-Mousse-Kugeln mit Gebäckcreme-Einsatz

Ergibt: 12 Portionen

ZUTATEN
HASELNUSS-KEKS-BASIS
- ½ Tasse Haselnussmehl
- 1 Tasse Allzweckmehl
- 5 Esslöffel ungesalzene Butter
- ⅓ Tasse brauner Zucker
- ½ Teelöffel Vanilleextrakt
- 1 Esslöffel Milch

Vanille-Gebäck-Creme-Kuppeln
- 1 Tasse Vollmilch
- ½ Tasse Schlagsahne
- ½ Tasse) Zucker
- 2 Esslöffel Maisstärke
- ½ Teelöffel Vanilleschotenpaste

ERDBEER MOUSSE
- 1 Pfund Erdbeeren
- 1 Esslöffel Zitronensaft
- ¼ Tasse Zucker
- 1 Esslöffel Agar-Agar
- 4 Esslöffel Wasser
- 1 Tasse Sahne
- 2 Esslöffel Puderzucker

ERDBEERCOULIS
- ½ Tasse Erdbeeren
- 1 Esslöffel Wasser
- 4 Esslöffel Zucker
- 1 Teelöffel Maisstärke

ANWEISUNGEN
HASELNUSS-KEKSKRUSTE

a) In der Schüssel einer Küchenmaschine mit Rühraufsatz Butter und Zucker schaumig rühren, bis sie leicht und locker sind. Fügen Sie Vanilleextrakt hinzu, gefolgt von Haselnussmehl und Mehl – gut vermischen. Fügen Sie einen Esslöffel Milch hinzu, gerade genug, um eine Kugel zu formen. In Plastikfolie einwickeln und 30 Minuten kalt stellen oder bis es fest genug zum Rollen ist

b) Rollen Sie den Teig auf einer leicht bemehlten Oberfläche zu einem ¼ Zoll dicken Blatt aus. Schneiden Sie mit einem Ausstecher in der Größe Ihrer Form die Basis für die Kuppeln aus.

c) Backofen auf 350 °F vorheizen.

d) Auf ein mit Backpapier ausgelegtes Backblech legen. Im vorgeheizten Ofen 8 bis 10 Minuten backen, bis es leicht goldbraun ist. Zum vollständigen Abkühlen auf ein Kühlregal legen.

Vanille-Gebäck-Creme-Kuppeln

a) In einem Topf mit dickem Boden Milch, Sahne, Zucker und Maisstärke vermischen. Bei mittlerer Hitze kochen, bis die Milch fast kocht. Reduzieren Sie die Hitze auf eine niedrige Stufe und rühren Sie weiter, bis die Mischung dick wird und die Rückseite eines Holzlöffels bedeckt. Vanilleschotenpaste oder Vanilleextrakt hinzufügen und vom Herd nehmen.

b) Verwenden Sie eine kleine halbkreisförmige Silikonkuppel von 1 ½ Zoll. Gießen Sie die noch warme Konditorcreme in die Kuppeln der Silikonformen. Glätten Sie die Oberseite, decken Sie sie mit Plastikfolie ab und stellen Sie sie für mindestens 3 Stunden oder bis sie fest ist in den Gefrierschrank

FÜR DAS ERDBEERMOUSSE

a) Das Agar-Agar mit 4 Esslöffel Wasser vermischen. 3 Minuten einweichen lassen und dann 30 bis 40 Sekunden in der Mikrowelle erhitzen, bis es vollständig aufgelöst ist. Etwas abkühlen lassen

b) In einer mikrowellengeeigneten Schüssel die Gelatine 2 Minuten lang in Wasser einweichen. Anschließend 30 Sekunden bis eine Minute in der Mikrowelle erhitzen, bis es sich aufgelöst hat.
c) Die Erdbeeren mit Zitronensaft in einer Küchenmaschine glatt pürieren. Durch ein Sieb oder Netz passieren. Dann den Zucker hinzufügen und gut vermischen.
d) Geben Sie das geschmolzene Agar-Agar zum Erdbeerpüree. Das geht am besten, indem man dem Agar-Agar ein paar Esslöffel Erdbeerpüree hinzufügt. Dann kombinieren Sie beides.
e) In der Schüssel einer Küchenmaschine mit Schneebesenaufsatz die Sahne mit Puderzucker steif schlagen.
f) Dann die Schlagsahne-Erdbeer-Mischung vorsichtig verrühren. Fertig ist Ihr Erdbeermousse
g) Verwenden Sie eine große 3-Zoll-Kuppelsilikonform. Füllen Sie es zur Hälfte mit Mousse und setzen Sie dann die zuvor erstellte gefrorene Gebäckcremekuppel ein. Schütteln Sie die Pfanne, um eventuelle Lufteinschlüsse zu entfernen, und lassen Sie die Kuppel mit einem Finger leicht einsinken. Mit mehr Erdbeermousse belegen. Glätten Sie die Oberseite mit einem Spachtel und kratzen Sie überschüssiges Material ab.
h) Für etwa 2 bis 3 Stunden oder bis es fest ist in den Gefrierschrank stellen

FÜR DIE COULIS
a) Die Erdbeeren in einer Küchenmaschine glatt pürieren.
b) In einen Topf Wasser, Maisstärke, Zucker und Erdbeerpüree geben. Auf niedriger Stufe kochen, bis die Mischung dick und durchscheinend ist.
c) Nochmals durch ein Sieb passieren und auf Zimmertemperatur abkühlen lassen.

MONTIEREN
a) Wenn die Erdbeermousse-Kugeln fest sind, drehen Sie die Silikonformen um und nehmen Sie sie aus der Form.
b) Legen Sie jede Kuppel auf die vorbereitete Haselnuss-Kekskruste.

c) Wenn Sie eine Kuppel mit ausgehöhlter Mitte verwendet haben, geben Sie einen Teelöffel dickes Erdbeercoulis darauf. Mit einem Minzblatt und einer Erdbeerscheibe garnieren. Ich verwende Zuckerblumen.
d) Vor dem Servieren eine Stunde im Kühlschrank auftauen lassen, damit die Mousse weich und nicht gefroren ist.
e) Genießen!

85. Orangen-Schokoladenmousse-Kuppeln

Ergibt: 8 Portionen

ZUTATEN
ORANGE CREMEUX
- 1/3 Tasse Orangensaft
- 1 Teelöffel Orangenschale
- 1 Esslöffel Zucker
- 2 Esslöffel Sahne
- 1 Eigelb
- 1/2 Teelöffel Gelatinepulver
- 1 Esslöffel Orangensaft
- Kandierte Orangenschale, gehackt

ORANGE GENOISE
- 3 Eier
- 1/3 Tasse Zucker
- 3/4 Tasse Allzweckmehl
- 1 ½ Esslöffel Butter, geschmolzen
- 1 Teelöffel Orangenschale

ZUM EINWEICHEN DES GENOISES
- 2 Esslöffel Orangenlikör

SCHOKOLADENMOUSSE
- 5,5 Unzen halbsüße Schokolade
- 1/2 Tasse Schlagsahne
- 2/3 Tasse Schlagsahne, gekühlt
- 1 Teelöffel Gelatinepulver
- 1 Esslöffel kaltes Wasser

SPIEGELGLASUR
- 6 Unzen weiße Schokolade, kleine Stücke
- 1/3 Tasse Wasser
- 3/4 Tasse Zucker
- 3 1/2 Unzen gesüßte Kondensmilch
- 1 Teelöffel Vanilleextrakt
- 1 Esslöffel Gelatinepulver
- 1/4 Tasse kaltes Wasser
- Weiße und orange Lebensmittelfarbe für farbige Spiegelglasur

ANWEISUNGEN

Bereiten Sie den Orangen-Cremeux vor.
a) In einer Schüssel das Eigelb mit dem Zucker verrühren, bis eine cremige und hellgelbe Farbe entsteht.
b) In eine kleine Schüssel die Gelatine und 1 Esslöffel Orangensaft geben und 5-10 Minuten quellen lassen.
c) In einem kleinen Topf Orangensaft, Orangenschale und Sahne zum Kochen bringen. Vom Herd nehmen und unter ständigem Rühren ein Viertel der gekochten Mischung zum Temperieren zum Eigelb gießen.
d) Gießen Sie die Eigelbmischung zur restlichen gekochten Orangenmischung, erhitzen Sie sie erneut und kochen Sie weiter, bis sie gerade anfängt einzudicken. Nicht zu lange kochen.
e) Vom Herd nehmen und die aufgeblühte Gelatine einrühren. Legen Sie kleine Cake-Pop-Silikonformen auf ein Backblech und gießen Sie die Mischung hinein. Geben Sie kandierte Orangenschale darüber und frieren Sie sie bis zur Verwendung ein.

ORANGE GENOISE ZUBEREITEN.
a) Ofen auf 350F vorheizen.
b) Eine 9×13 Zoll große Backform einfetten und mit Backpapier auslegen.
c) In einer hitzebeständigen Schüssel Eier und Zucker hinzufügen. Zum Kombinieren mischen. Über einen Topf mit kochendem Wasser geben und etwa 7-8 Minuten lang weiterrühren, bis die Masse dickflüssig ist und ihr Volumen verdreifacht hat. Achten Sie darauf, die Eier nicht zu kochen. Die Temperatur der Mischung sollte nicht höher als 122 °F werden.
d) Vom Herd nehmen und weiter mixen, bis es leicht abgekühlt ist. Orangenschale untermischen.
e) Nach und nach gesiebtes Mehl und geschmolzene Butter untermischen.

f) Gießen Sie den Teig in die vorbereitete Form und backen Sie ihn etwa 10 Minuten lang, bis er goldbraun ist und ein Zahnstocher, der in die Mitte des Kuchens gesteckt wird, sauber herauskommt.

g) Aus dem Ofen nehmen, 5 Minuten in der Form abkühlen lassen und zum vollständigen Abkühlen auf ein Kühlregal legen.

SCHOKOLADENMOUSSE ZUBEREITEN.

a) In eine hitzebeständige Schüssel die halbsüße Schokolade und 1/2 Tasse Schlagsahne geben. Stellen Sie die Schüssel bei schwacher Hitze über einen Topf mit kochendem Wasser, bis die gesamte Schokolade geschmolzen ist. In der Zwischenzeit Gelatine in kaltem Wasser auflösen und etwa 5 bis 10 Minuten quellen lassen. Geblühte Gelatine über die geschmolzene Schokolade geben und umrühren, bis sie sich auflöst. Lassen Sie die Schokoladenmischung bei Raumtemperatur vollständig abkühlen.

b) Die restliche 2/3 Tasse gekühlte Schlagsahne schlagen, bis sich steife Spitzen bilden. Fügen Sie die geschmolzene Schokoladenmischung hinzu und verrühren Sie alles, bis alles gut vermischt ist.

c) Montage der Kuppeln.

d) Genoise-Kuchen in 2,7-Zoll-Scheiben schneiden. Jeweils mit Orangenlikör oder einfach etwas Zuckersirup bestreichen.

e) Platzieren Sie halbkreisförmige Silikonformen mit einem Durchmesser von 2,7 Zoll auf einem Backblech und spritzen Sie mit einer glatten Spitze von ½ Zoll etwas Schokoladenmousse in den Boden der Formen und verteilen Sie die Mousse mit einem Löffel auf allen Seiten der Formen.

f) Etwas mehr Schokoladenmousse bis zur Hälfte der Form hinzufügen.

g) Geben Sie jeweils Orangen-Cremieux darüber und spritzen Sie Schokoladenmousse darum.

h) Mit Likör getränkte Genoise-Scheiben belegen und über Nacht einfrieren.

SPIEGELGLASUR VORBEREITEN.

a) In eine kleine Schüssel die Gelatine und 1/4 Tasse kaltes Wasser geben und 5–10 Minuten quellen lassen.
b) Die Schokolade in eine Schüssel geben und beiseite stellen.
c) Wasser, Zucker und Kondensmilch in einen Topf geben. Bringen Sie es kurz zum Kochen und nehmen Sie es vom Herd. Rühren Sie die aufgeblühte Gelatine ein, bis sie sich aufgelöst hat.
d) Die heiße Mischung über die Schokolade gießen. Etwa 5 Minuten ruhen lassen, bis die Schokolade geschmolzen ist.
e) Verwenden Sie einen Stabmixer und mixen Sie, bis eine glatte Masse entsteht. Vanilleextrakt und weiße Lebensmittelfarbe hinzufügen. Die Glasur sieben. Gießen Sie etwa eine halbe Tasse Glasur in eine kleine Schüssel. Orange Lebensmittelfarbe hinzufügen und verrühren. Fügen Sie der weißen Glasur orangefarbene Glasur hinzu und rühren Sie leicht um, um einen Marmoreffekt zu erzielen.
f) Lassen Sie die Glasur auf 90–95 °F abkühlen, bevor Sie sie über die gefrorenen Kuppeln gießen.
g) Nehmen Sie die Kuppeln aus den Formen und legen Sie sie auf einen Rost, der auf einem mit Backpapier ausgelegten Backblech steht.
h) Gießen Sie die marmorierte Glasur über die Kuppeln, geben Sie die Kuppeln vorsichtig auf eine Servierplatte und stellen Sie sie etwa 1–2 Stunden lang in den Kühlschrank.
i) Den Boden jedes Kuchens mit gehackter weißer Schokolade dekorieren und bis zum Servieren im Kühlschrank aufbewahren.

86. Panna Cotta und Mango-Mousse-Kuchen

Ergibt: 6–7 Kuppeln

ZUTATEN
PANNA COTTA
- 150g Schlagsahne
- 50g Milch
- 33g Kristallzucker
- 2 Teelöffel Vanilleschotenpaste
- 2g Blattgelatine

MANGOWÜRFEL
- 1 gewürfeltes Mangofruchtfleisch
- 100g Mangopüree
- 2g Blattgelatine
- 25g Kristallzucker

MANGO MOUSSE
- 150g Mangopüree
- 4g Blattgelatine
- 10 g Kristallzucker
- 120g Schlagsahne

MANGO-GLASUR
- 1 Teelöffel Zitronensaft
- 100g Mangopüree
- 4g Blattgelatine
- 2 Teelöffel Kristallzucker

ANWEISUNGEN:
FÜR DIE PANNA COTTA
a) Schlagsahne, Milch, Zucker und Vanilleschotenpaste zum Kochen bringen.
b) Vom Herd nehmen, weiche Gelatine hinzufügen und rühren, bis sie sich aufgelöst hat.
c) Abkühlen lassen. Gießen Sie die Mischung durch ein Sieb in kleine Gläser oder Formen.
d) Im Kühlschrank kalt stellen, bis es fest ist.

FÜR DIE MANGOWÜRFEL

a) Mango in kleine Würfel schneiden.
b) Die Hälfte des Mangopürees mit dem Zucker aufkochen, bis sich der Zucker aufgelöst hat.
c) Vom Herd nehmen, weiche Gelatine hinzufügen und rühren, bis sie sich aufgelöst hat.
d) Die andere Hälfte Mangopüree und Mangowürfel untermischen.
e) Die Mangowürfel auf die Panna Cotta geben.
f) Im Kühlschrank kalt stellen, bis es fest ist.

FÜR DIE MANGO-MOUSSE

a) Die Hälfte des Mangopürees mit dem Zucker aufkochen, bis sich der Zucker aufgelöst hat.
b) Vom Herd nehmen, weiche Gelatine hinzufügen und rühren, bis sie sich aufgelöst hat.
c) Die andere Hälfte des Mangopürees untermischen.
d) Schlagsahne hinzufügen und gut verrühren, bis eine hellgelbe Mangomousse entsteht.
e) Auf die Mangowürfel geben.
f) Im Kühlschrank kalt stellen, bis es fest ist.

FÜR DIE MANGO-GLASUR

a) Die Hälfte des Mangopürees mit dem Zucker aufkochen, bis sich der Zucker aufgelöst hat.
b) Vom Herd nehmen, weiche Gelatine hinzufügen und rühren, bis sie sich aufgelöst hat.
c) Die andere Hälfte Mangopüree und Zitronensaft untermischen.
d) Abkühlen lassen. In der Zwischenzeit Panna Cotta und Mango-Mousse aus der Form lösen.
e) Die Mangoglasur darübergießen. [Bitte sehen Sie sich meinen älteren Beitrag an, um einen Trick zu sehen]
f) Im Kühlschrank kalt stellen, bis es fest ist. Dekorieren und genießen.

87. Mini-Blaubeermousse-Kuppel mit Spiegelglasur

Ergibt: 15 Kuchen

ZUTATEN:
FÜR HEIDELBEERGELÉE:
- 1 1/2 Tassen Blaubeeren
- 1/4 Tasse Kristallzucker, geteilt
- 3 Teelöffel Zitronensaft, geteilt
- 1 1/2 Blatt Blattgelatine
- 2 Esslöffel Wasser, plus mehr für blühende Gelatine

FÜR KUCHEN:
- 2 große Eier, getrennt, bei Zimmertemperatur
- 1/4 Tasse Kristallzucker, geteilt
- 1 Esslöffel Milch
- 1/4 Teelöffel Mandelextrakt
- 1/4 Tasse plus 2 Esslöffel Kuchenmehl
- 2 Esslöffel Mandelmehl
- 1/4 Teelöffel feines Meersalz

FÜR MOUSSE:
- 3 Blatt Blattgelatine
- 1/2 Tasse Blaubeerpüree
- 1/2 Tasse Mascarpone-Käse, bei Zimmertemperatur
- 1/4 Tasse Kristallzucker
- 3/4 Tasse Schlagsahne
- 1/2 Teelöffel Vanilleextrakt
- 1/4 Teelöffel Mandelextrakt
- eine Prise feines Meersalz

FÜR SPIEGELGLASUR:
- 6 Blatt Blattgelatine
- 1 Tasse Zucker
- 2/3 Tasse Maissirup oder Glukosesirup
- 1/2 Tasse Wasser
- 1/2 Tasse gesüßte Kondensmilch
- 7 Unzen hochwertige weiße Schokolade, fein gehackt

ANWEISUNGEN:

So bereiten Sie Blaubeerpüree und -gelée zu:
a) Blaubeeren, 2 Esslöffel Zucker und 1 1/2 Teelöffel Zitronensaft in einem kleinen Topf vermischen.
b) Bei mittlerer Hitze köcheln lassen und dabei die Beeren unter Rühren leicht zerdrücken, bis die Blaubeeren weich sind und platzen.
c) In einen Mixer oder eine Küchenmaschine geben und pürieren, bis eine vollkommen glatte Masse entsteht.
d) Eine halbe Tasse Püree abmessen und zurück in den Topf geben. Den Rest in ein Glas oder einen luftdichten Behälter füllen und für später im Kühlschrank aufbewahren.
e) Schneiden Sie Gelatineblätter in 2,5 cm große Streifen und tauchen Sie sie mindestens 5 Minuten lang in kaltes Wasser, damit sie weich werden. Wenn Sie Gelatinepulver verwenden, streuen Sie 1 1/2 Teelöffel über 2 Esslöffel kaltes Wasser.
f) Die restlichen 2 Esslöffel Zucker und 1 1/2 Teelöffel Zitronensaft zusammen mit 2 Esslöffeln Wasser in den Topf mit dem Püree geben. Erhitzen, bis es gerade noch zu sprudeln beginnt.
g) Weiche Gelatine mit den Händen auswringen und so viel Wasser wie möglich herausdrücken.
h) Mit der warmen Blaubeermischung in einen Topf geben und verrühren, bis sich alles vollständig aufgelöst hat.
i) Gießen Sie die Blaubeermischung in 2,5 cm große Silikon-Kugelformen. Alternativ können Sie auch eine mit Backpapier ausgelegte Kuchen- oder Backform verwenden.
j) Mit Pergament auslegen und die Griffe an den Seiten überstehen lassen, damit sich die ausgehärtete Gelatine leicht entfernen lässt. Aus diesem größeren Stück schneiden Sie Gelée-Münzen, anstatt kleine Halbkugeln in Ihren Kuchen zu verwenden.
k) Über Nacht in den Kühlschrank stellen, bis es vollständig fest ist, und dann vorsichtig aus den Formen nehmen.

So bereiten Sie den Biskuitkuchen zu:

a) Heizen Sie den Ofen auf 350 Grad F vor. Legen Sie eine viertel Blechpfanne mit Aluminiumfolie oder einer Silikonbackmatte aus. Fett- oder Butterfolie.
b) Eigelb in eine Schüssel geben; Mit 3 Esslöffeln Zucker kräftig verrühren, bis die Farbe heller wird. Milch und Mandelextrakt unterrühren.
c) Kuchenmehl und Mandelmehl hineinsieben; Salz hinzufügen und unterheben, bis es gerade eingearbeitet ist.
d) In einer sauberen Schüssel das Eiweiß schaumig schlagen. Fügen Sie den restlichen 1 Esslöffel Zucker hinzu und schlagen Sie, bis das Eiweiß mittlere Spitzen aufweist. 1/3 des Eiweißes unter die Teigmischung heben, um es aufzuhellen, dann die Teigmischung mit dem Eiweiß in die Schüssel kratzen und unterheben, bis es gerade eingearbeitet ist und keine reinweißen Streifen mehr vorhanden sind.
e) Den Teig in die vorbereitete Backform gießen und zu einer dünnen, gleichmäßigen Schicht verteilen. 9 bis 11 Minuten lang backen oder bis sich der Kuchen schwammig anfühlt und an den Rändern gerade noch dunkel wird. Vollständig abkühlen lassen.

FÜR DAS HEIDELBEERMOUSSE:
a) Schneiden Sie die Gelatine in 2,5 cm große Streifen und tauchen Sie sie in kaltes Wasser, damit sie weich wird.
b) In der Zwischenzeit eine halbe Tasse Blaubeerpüree in einem Topf bei mittlerer Hitze aufwärmen, bis es wieder glatt ist.
c) Wasser aus der eingeweichten Gelatine auswringen und zum warmen Blaubeerpüree geben; glatt rühren. Beiseite stellen und lauwarm abkühlen lassen.
d) In einer Schüssel zimmerwarmen Mascarpone mit Zucker, Salz und Extrakten verrühren, bis eine glatte, pastöse Masse entsteht. Die lauwarme Blaubeermischung dazugeben und glatt rühren.
e) In einer sauberen Schüssel oder der Schüssel einer Küchenmaschine Schlagsahne schlagen, bis weiche Spitzen entstehen. 1/3 der Sahne zur Blaubeermischung geben und unterheben, um sie aufzuhellen. Anschließend die gesamte

Blaubeermischung mit der Sahne in die Schüssel geben und unterheben, bis sie vollständig eingearbeitet ist.
f) Um Ihre Kuchen zusammenzustellen, löffeln oder spritzen Sie die Mousse in Silikonformen, die nicht ganz gefüllt sind.
g) Drücken Sie vorsichtig eine Gelée-Kugel mit der gebogenen Seite nach unten in die Oberseite jeder mit Mousse gefüllten Form. Mit einem versetzten Spatel abkratzen, um die Oberseite perfekt mit der Oberseite der Form abzugleichen. Zum Schluss aus dem Biskuitteig Kreise ausstechen, die exakt der Größe des Förmchenbodens entsprechen, und diese auf die Oberseite der Mousse drücken. Mindestens 3 Stunden oder über Nacht einfrieren, bis es vollständig fest ist.
h) Bevor Sie die Glasur herstellen, nehmen Sie die Kuchen aus den Formen und legen Sie sie auf ein gefrorenes, mit Backpapier ausgelegtes Backblech. Bis kurz vor dem Glasieren wieder in den Gefrierschrank stellen.

FÜR SPIEGELGLASUR:
a) Schneiden Sie die Gelatine in 2,5 cm große Streifen und tauchen Sie sie mindestens 5 Minuten lang in kaltes Wasser, damit sie weich wird. Weiße Schokolade in eine hitzebeständige Schüssel geben und beiseite stellen.
b) Zucker, Maissirup und Wasser in einem Topf vermischen und bei mittlerer Hitze zum Kochen bringen, bis sich der Zucker vollständig aufgelöst hat und die Mischung klar ist.
c) Vom Herd nehmen, dann Gelatine hinzufügen und verrühren, bis sie sich aufgelöst hat. Gezuckerte Kondensmilch unterrühren.
d) Die heiße Mischung über die gehackte weiße Schokolade gießen und 30 Sekunden ruhen lassen. Dann umrühren, bis die Schokolade vollständig geschmolzen und die Mischung glatt ist.
e) Lassen Sie die Glasur unter gelegentlichem Rühren abkühlen, bis die Glasur auf einem sofort ablesbaren Thermometer eine Temperatur von etwa 30 °C erreicht. Die Glasur muss die richtige Temperatur haben, sonst bildet sich auf der Außenseite des Kuchens keine ausreichend dicke Schicht.

f) Wenn die Glasur 95–96 Grad hat, fügen Sie je nach Wunsch Lebensmittelfarbe in Pulver- oder Gelform hinzu. Dunklere Farben wirken bei dieser Lasurtechnik besonders auffällig.

g) Nehmen Sie die Kuchen aus dem Gefrierschrank, legen Sie sie auf ein mit Backpapier ausgelegtes Backblech und heben Sie es mit kleinen Gläsern oder Keksausstechern vom Blech ab.

h) Gießen Sie die Glasur großzügig über die Kuchen und achten Sie darauf, dass keine kahlen Stellen zurückbleiben. Lassen Sie die überschüssige Glasur 5 bis 10 Minuten lang abtropfen und kratzen Sie dann vorsichtig die Ränder ab, um alle verbleibenden Tropfen zu entfernen.

i) Übertragen Sie die Kuchen vorsichtig mit einem kleinen, versetzten Spatel auf Kuchenplatten aus Pappe oder auf kleine Stücke Pergamentpapier, damit Sie sie leichter verschieben können.

j) Eventuell übrig gebliebene Glasur kann abgekratzt und zur späteren Verwendung in einem luftdichten Behälter gekühlt werden.

88. Matcha-Mousse-Tarte-Kuppel

Ergibt: 6 Törtchen plus
ZUTATEN:
- 5 Gramm Gelatineblatt, in kaltem Wasser eingeweicht
- 100 Gramm Milch
- 7 Gramm Matcha-Pulver
- 1 Eigelb
- 1 Eiweiß
- 60 Gramm Puderzucker, geteilt
- 100 Gramm Schlagsahne

ANWEISUNGEN:

a) Gießen Sie Milch in einen kleinen Topf, fügen Sie das Matcha-Pulver hinzu und verquirlen Sie es, um Klumpen aufzulösen. Stellen Sie die Hitze auf eine niedrige Stufe und erhitzen Sie die Mischung, aber lassen Sie sie nicht kochen.

b) In einer kleinen Schüssel das Eigelb und 30 Gramm Puderzucker verrühren, bis die Mischung hell und locker ist. Gießen Sie die warme Matcha-Milchmischung nach und nach in die Eigelbmischung und vermischen Sie sie dabei, um ein Gerinnen zu verhindern.

c) Gießen Sie die Mischung zurück in den Topf und kochen Sie sie bei schwacher Hitze etwa 12 Minuten lang oder bis die Temperatur 85 °C erreicht hat, bis eine dünne Creme entsteht.

d) Schalten Sie den Herd aus, drücken Sie überschüssiges Wasser aus der eingeweichten Gelatine ab und geben Sie es in die heiße Vanillesoße. Rühren Sie, bis sich die Gelatine vollständig aufgelöst hat. In eine hitzebeständige Schüssel umfüllen und auf Raumtemperatur abkühlen lassen.

e) Zubereitung des Baisers: In einer Rührschüssel das Eiweiß und die restlichen 30 Gramm Puderzucker verquirlen. Stellen Sie eine Schüssel mit kaum siedendem Wasser auf den Topf und verrühren Sie, bis sich der Zucker vollständig aufgelöst hat.

f) Nehmen Sie die Schüssel vom Herd und schlagen Sie die Mischung mit einem Elektrorührgerät, bis sich steife Spitzen bilden, und stellen Sie sie beiseite.

g) Sahne schlagen, bis sich weiche Spitzen bilden, beiseite stellen.

h) Wenn der Matcha-Pudding abgekühlt ist, fügen Sie die Sahne hinzu und verrühren Sie alles, bis alles gut vermischt ist. Das Baiser unterheben und gut vermischen.

i) Gießen Sie die Mischung in eine Silikonform mit 6 Mulden und lassen Sie dabei Platz für das Gelee. Im Kühlschrank kalt stellen, bis es fest ist.

MOUSSE-KUCHEN UND TARTS

89. Mint Chip Cheesecake Mousse

Macht: 8

ZUTATEN
- 13 normale Oreos, in einer Küchenmaschine fein zerkleinert
- 2 Esslöffel Butter, geschmolzen
- 2 Esslöffel kaltes Wasser
- 1 1/2 Teelöffel Gelatinepulver
- 1 1/2 Tassen Sahne
- Zwei 8-Unzen-Päckchen Frischkäse, weich
- Grüne und gelbe Lebensmittelfarbe
- 1 Teelöffel Minzextrakt
- 1/2 Teelöffel Pfefferminzextrakt
- 1 1/2 Tassen Puderzucker, geteilt
- 3 1/2-Unzen-Tafel halbsüße Schokolade, fein gehackt
- Gesüßte Schlagsahne, Minzblätter und fein gehackte Schokolade zum Garnieren

ANWEISUNGEN:

a) In einer Rührschüssel zerkleinerte Oreos und Butter verrühren, die Mischung auf 8 kleine Dessertbecher verteilen und vorsichtig zu einer gleichmäßigen Schicht andrücken.
b) Wasser in eine kleine Schüssel geben, Gelatine gleichmäßig darüber streuen und 5–10 Minuten ruhen lassen.
c) In der Zwischenzeit Sahne in eine mittelgroße Rührschüssel geben und schlagen, bis sich weiche Spitzen bilden. 1/4 Tasse Puderzucker hinzufügen und schlagen, bis sich steife Spitzen bilden, dann beiseite stellen.
d) Frischkäse in eine separate Rührschüssel geben und mit dem elektrischen Handmixer etwa 2 Minuten lang glatt und locker verrühren. Den restlichen 1 1/4 Tassen Puderzucker hinzufügen und verrühren, bis alles gut vermischt ist.
e) Minze- und Pfefferminzextrakt sowie Lebensmittelfarbe hinzufügen und vermischen, bis alles gut vermischt ist, dann beiseite stellen.
f) Erhitzen Sie die Gelatinemischung 30 Sekunden lang bei hoher Leistung in der Mikrowelle, nehmen Sie sie dann heraus und verrühren Sie sie 1 Minute lang, um sicherzustellen, dass sie sich gut auflöst.
g) 3 Minuten abkühlen lassen, dann die Gelatinemischung in die Frischkäsemischung gießen und sofort mit dem Handmixer verrühren.
h) Die Schlagsahne-Mischung und die gehackte Schokolade zur Frischkäse-Mischung hinzufügen und unterheben, bis alles gleichmäßig vermischt ist.
i) Die Mischung portionsweise in einen Spritzbeutel füllen und Mousse auf die Oreo-Krustenschicht spritzen. 3 Stunden kalt stellen.
j) Gekühlt servieren und nach Belieben mit gesüßter Schlagsahne übergießen, mit Minze und gehackter Schokolade garnieren.

90. Red Velvet Cheesecake Mousse

Macht: 3

ZUTATEN:
- 6 Unzen Frischkäse im Blockstil, weich gemacht
- ½ Tasse Sahne
- 2 Esslöffel Sauerrahm Vollfett
- ⅓ Tasse kohlenhydratarmer Süßstoff in Pulverform
- 1 ½ Teelöffel Vanilleextrakt
- 1 ½ Teelöffel Kakaopulver
- ½ Teelöffel bis 1 Teelöffel natürliche rote Lebensmittelfarbe, je nachdem, ob Sie eine rote Farbe statt rosa wünschen
- Schlagsahne, gesüßt mit Stevia-Tropfen
- Zuckerfreie Schokoriegel-Späne aus geriebener Keto-Schokolade

ANWEISUNGEN

a) In eine große Rührschüssel mit einem elektrischen Handmixer oder einer Küchenmaschine weichen Frischkäse, Sahne, Sauerrahm, Süßstoffpulver und Vanilleextrakt geben.

b) 6 Unzen Frischkäse im Blockstil, ½ Tasse Sahne, ⅓ Tasse kohlenhydratarmes Süßungsmittel in Pulverform, 1 ½ Teelöffel Vanilleextrakt, 2 Esslöffel Sauerrahm

c) Eine Minute lang auf niedriger Stufe und dann einige Minuten lang auf mittlerer Stufe vermischen, bis eine dicke, cremige Masse entsteht und alles gut vermischt ist.

d) Fügen Sie Kakaopulver hinzu und vermischen Sie es auf höchster Stufe, bis alles gut vermischt ist. Kratzen Sie dabei die Seite mit einem Gummischaber ab, um eine gründliche Mischung zu erzielen.

e) 1 ½ Teelöffel Kakaopulver

f) Fügen Sie rote Lebensmittelfarbe hinzu und verrühren Sie alles, bis es vermischt ist oder die Konsistenz eines Puddings erreicht hat.

g) ½ Teelöffel bis 1 Teelöffel natürliche rote Lebensmittelfarbe

h) Löffeln Sie die Mousse oder verwenden Sie einen Spritzbeutel, um sie in ein kleines Dessertglas oder eine Schüssel zu spritzen.

i) Mit einem Klecks zuckerfreier Schlagsahne und optional etwas geriebener zuckerfreier Schokolade garnieren. Aufschlag

j) Schlagsahne, gesüßt mit Stevia-Tropfen, zuckerfreie Schokoriegelspäne

91. Mini-Kakao-Mousse-Kuchen

ZUTATEN:
KRUSTE:
- 2 Tassen Samen und/oder Nüsse
- 1/2 Tasse Datteln, entkernt und gehackt
- 1/4 Tasse Kokosöl, geschmolzen
- 1 Prise Salz

MOUSSE:
- 6-10 Avocados
- 1 1/4 Tasse Kakaopulver
- 1 1/4 Tasse Honig oder Agave
- 2 Tropfen ätherisches Pfefferminzöl

ANWEISUNGEN:
KRUSTE:

a) Die Kerne und/oder Nüsse in einer Küchenmaschine mit S-Klinge fein verarbeiten. Auch das Hacken per Hand ist möglich!

b) Alle Krustenzutaten in einer Schüssel vermischen und kneten, bis eine klebrige und teigige Masse entsteht.

c) In eine Springform drücken und den Boden gleichmäßig bedecken.

MOUSSE:

d) Geben Sie alle Mousse-Zutaten in Ihre Küchenmaschine mit S-Klinge und verarbeiten Sie sie etwa fünf Minuten lang.

e) Stellen Sie sicher, dass alles gut vermischt und seidig glatt ist.

f) Gießen Sie die Mousse in die Form und stellen Sie sie 8 Stunden lang in den Kühlschrank.

g) Hält sich im Kühlschrank einige Tage gut.

92. Maus-Cupcakes

Ergibt: 24 Cupcakes

ZUTATEN:
- 1 18,25-Unzen-Schachtel Schokoladenkuchenmischung plus Zutaten, die auf der Packung angegeben sind
- 1/2 Tasse Öl
- 24 kleine runde Schokoladen-Minz-Kekse, halbiert
- 1 12,6-Unzen-Beutel mit runden, mit Bonbons überzogenen Pralinen
- Dünne Fäden aus schwarzem Lakritz
- 24 Kugeln Schokoladeneis

ANWEISUNGEN:
a) Ofen auf 375°F vorheizen. Eine Muffinform mit Backförmchen aus Papier auslegen.
b) Bereiten Sie den Teig vor und backen Sie ihn gemäß den Anweisungen für die Kuchenmischung für Cupcakes mit Olivenöl.
c) Cupcakes aus dem Ofen nehmen und vollständig abkühlen lassen.
d) Cupcakes aus den Pappbechern nehmen.
e) Dekorieren Sie Cupcakes mit halbierten runden Keksen als Ohren, Bonbons als Augen und Nase und Lakritz als Schnurrhaaren so, dass sie Mäusen ähneln. Auf ein Backblech legen und einfrieren.

93. Erdbeer-Mousse-Tarte aus weißer Schokolade

Ergibt: 8 Portionen

ZUTATEN:
GEBÄCK:
- 1¾ Tasse ungebleichtes Mehl
- ¼ Tasse fest verpackter hellbrauner Zucker
- 2½ Teelöffel Orangenschale, gerieben
- ⅛ Teelöffel Salz
- 1¾ Stangen ungesalzene Butter
- 1½ Esslöffel frischer Orangensaft
- 1 Eigelb
- 1 Teelöffel Vanilleextrakt
- 2 Unzen weiße Schokolade

MOUSSE:
- 6 Unzen weiße Schokolade
- ¼ Tasse Sahne
- 1 großes Eiweiß
- 1 Esslöffel Zucker
- ½ Tasse Schlagsahne, geschlagen
- 2 Esslöffel Grand Marnier
- 1 große Erdbeere, mit Stiel
- 25 große Erdbeeren, geschält
- ½ Tasse Erdbeermarmelade

ANWEISUNGEN:

a) Für den Teig: Die ersten 4 Zutaten in einer Schüssel vermischen. Fügen Sie Butter hinzu und schneiden Sie die Mischung hinein, bis eine feine Mahlzeit entsteht. Orangensaft mit Eigelb und Vanille verrühren. Fügen Sie genügend Saftmischung hinzu, um die Zutaten zu trocknen und eine Kugel zu formen, die sich zusammenfügt.

b) Formen Sie den Teig zu einer Kugel und drücken Sie ihn zu einer etwa 30 cm großen Runde flach.

c) Stellen Sie den Rost in die Mitte des Ofens und heizen Sie ihn auf 375 Grad vor.

d) Rollen Sie den Teig zwischen Frischhaltefolie auf eine Dicke von ⅛ Zoll aus. Auf einen 11-Zoll-Kreis zuschneiden.
e) Entfernen Sie die Plastikfolie von der Oberseite und stürzen Sie sie in eine 25 cm große runde Springform mit abnehmbarem Boden. Entfernen Sie die Plastikfolie und drücken Sie sie auf den Boden und die Oberseite der Pfanne. Drücken Sie die Oberkanten zusammen.
f) 15 Minuten einfrieren. Den Tortenboden mit Alufolie auslegen und Kuchengewichte oder Bohnen hinzufügen.
g) Backen, bis die Seiten fest sind – etwa 10 Minuten.
h) Folie und Gewichte entfernen. Kruste goldbraun backen – etwa 16–20 Minuten.
i) Streuen Sie zwei Unzen weiße Schokolade über die heiße Kruste. Etwa 1 Minute stehen lassen.
j) Mit der Rückseite eines Löffels Schokolade auf dem Boden und an den Seiten verteilen.
k) Zum Abkühlen auf ein Gestell geben.

94. Mousse-Torte mit Oreo-Kruste

Ergibt: 1 Portion

ZUTATEN:
- 24 Oreo-Kekse
- ¼ Tasse ungesalzene Butter, geschmolzen
- ¾ Tasse Schlagsahne
- 8 Unzen halbsüße Schokolade, gehackt
- 1 Pfund weiße Schokolade, gehackt
- 3 Tassen gekühlte Schlagsahne
- 1 Packung geschmacksneutrale Gelatine
- ¼ Tasse Wasser
- 1 Teelöffel Vanilleextrakt
- Gehackte Oreo-Kekse

ANWEISUNGEN:
FÜR KRUSTE:
a) Springform mit einem Durchmesser von 25 cm und einem 6 cm hohen Rand mit Butter bestreichen.
b) Kekse im Prozessor fein mahlen. Geschmolzene Butter hinzufügen und verrühren, bis alles gut vermischt ist. Drücken Sie die Krustenmischung auf den Boden der vorbereiteten Pfanne. Sahne in einem schweren mittelgroßen Topf zum Kochen bringen. Reduzieren Sie die Hitze auf niedrig. Schokolade hinzufügen und verquirlen, bis sie geschmolzen und glatt ist. Gießen Sie die Schokoladenmischung über die Kruste. Kühlen.

FÜR DIE FÜLLUNG:
c) Kombinieren Sie weiße Schokolade und 1 Tasse Sahne auf einem Wasserbad. Über köchelndem Wasser rühren, bis es geschmolzen und glatt ist. Aus dem Wasser nehmen. Kühl bis kaum lauwarm. Streuen Sie Gelatine über ¼ Tasse Wasser in einem schweren kleinen Topf. Zum Erweichen 5 Minuten stehen lassen. Bei schwacher Hitze rühren, bis sich die Gelatine auflöst. In eine große Schüssel füllen. Fügen Sie die restlichen 2 Tassen Sahne und Vanille hinzu und verrühren Sie alles.
d) Die Sahne-Gelatine-Mischung zu weichen Spitzen schlagen. Weiße Schokoladenmischung unterheben.
e) Füllung in die Kruste gießen. Kühlen, bis die Füllung fest ist, mindestens 6 Stunden oder über Nacht.
f) Führen Sie ein kleines, scharfes Messer über die Seiten der Form, um die Torte zu lösen.
g) Pfannenseiten lösen. Mit gehackten Keksen bestreuen.

95. Weiche Cannoli mit Zitronenmousse

Macht; 9 Cannoli

ZUTATEN:
FÜR DIE CANNOLI SOFTSHELLS
- 2 große Eier
- 55 g Puderzucker
- 55 g Weichweizenmehl
- 1 Prise Salz
- 1/2 TL Vanillepaste
- 1 TL Zitronensaft
- 1/2 abgeriebene Zitronenschale

FÜR DIE CLOTTE CREME UND LEMON CURD MOUSSE
- 85 g Vollfett-Weichkäse
- 115 g Kondensmilch
- 65 g Clotted Cream
- 45 g Zitronenquark
- 1 EL Zitronensaft

ANWEISUNGEN:
a) Bereiten Sie Ihre Schalen vor, indem Sie Eiweiß und Eigelb trennen. Zuerst das Eiweiß mit einer Prise Salz und 1 TL Zitronensaft steif schlagen, dabei zweimal die Hälfte des Puderzuckers hinzufügen. Sobald Sie Ihr glänzendes Baiser zubereitet haben, legen Sie es beiseite.

b) Das Eigelb mit der Vanille, der anderen Hälfte des Puderzuckers und der abgeriebenen Zitronenschale verquirlen, bis es hell ist. Fügen Sie das Baiser löffelweise hinzu und falten Sie es von unten zusammen, wobei Sie darauf achten, dass so viel Luft wie möglich bleibt.

c) Sieben Sie das Mehl, geben Sie es in zwei Hälften zur Eimischung und vermengen Sie es mit einem Spatel. Achten Sie dabei darauf, den Teig nicht zu vermischen. In einen Spritzbeutel füllen und auf einem mit Backpapier ausgelegten Backblech etwa 9 cm große Scheiben formen. Zum Zeichnen der

Umrisse können Sie einen Cutter oder einen Kochring verwenden.

d) Im vorgeheizten Backofen bei 200 °C 5 Minuten backen. Sobald die Schalen gar sind, zum Abkühlen auf ein Kühlregal legen, sie sollten weich bleiben.

e) Bereiten Sie in der Zwischenzeit Ihre Mousse vor, indem Sie alle Zutaten in einer Schüssel verquirlen. Die Mengen reichen aus, um 9 Cannoli zu füllen. Wenn jedoch noch etwas übrig ist, füllen Sie es einfach in kleine Tassen für ein leichtes Dessert.

f) Sobald die Zutaten eine weiche, aber feste Konsistenz haben, geben Sie sie in einen Spritzbeutel mit Sterntülle.

g) Ihre Cannoli-Schalen sind nun abgekühlt, bestreuen Sie die Außenseite mit Puderzucker und spritzen Sie die Mousse direkt in die Mitte der Biskuitscheiben. Falten Sie den Biskuit auf beiden Seiten und drücken Sie die Oberseite zusammen, um ihn zu schließen. Mit einigen Erdbeerscheiben und Minzblättern zum Garnieren servieren.

96. Kürbis-Hefe-Gugelhupf

Macht: 12

ZUTATEN:
- 1 Tasse Kürbismousse
- 2½ Tassen einfaches Dinkelmehl oder Weizenkuchenmehl
- ½ Tasse pflanzliche Milch
- 7 Gramm Trockenhefe
- ½ Tasse Rohrzucker oder anderer unraffinierter Zucker
- Saft und Schale von 1 Zitrone
- 1 Esslöffel flüssiges Kokosöl
- 1 Tasse getrocknete Cranberry

ANWEISUNGEN:

a) Mehl, Hefe, Zucker und Preiselbeeren in einer Rührschüssel vermischen.

b) In einem kleinen Topf Kürbismousse, Pflanzenmilch, Zitronensaft und -schale sowie Kokosöl langsam erhitzen. Die feuchten Zutaten unter den Teig kneten. Dies sollte etwa 8 Minuten dauern.

c) Streuen Sie eine dünne Schicht Mehl auf die Gugelhupfform und fetten Sie sie ein. Legen Sie den Teig in die Form, decken Sie ihn ab und lassen Sie ihn 1 Stunde lang an einem warmen Ort gehen.

d) Backofen auf 180 °C/350 °F vorheizen und 35 Minuten backen.

97. Baileys gefrorener Schokoladenstückchen-Mousse-Kuchen

Ergibt: 8 Portionen

ZUTATEN:
- ¼ Tasse gemahlener Espresso
- ½ Tasse Wasser
- 1 Tasse Kuchenmehl
- ½ Teelöffel Backpulver
- ¼ Teelöffel Salz
- 4 Esslöffel ungesalzene Butter
- ½ Tasse plus 2 Esslöffel Kristallzucker
- 2 große Eier
- ½ Teelöffel Vanilleextrakt
- ¼ Tasse Sauerrahm
- 5 Unzen Bittersüßschokolade, grob gehackt
- ¼ Tasse plus 2 Esslöffel Milch
- ¼ Tasse Kristallzucker
- ⅛ Teelöffel Salz
- 2 Teelöffel Vanilleextrakt
- ½ Tasse Bailey's Irish Cream Likör, geteilt
- 6 Unzen Mascarpone, weich
- 1 Tasse Sahne
- ¼ Tasse Haselnüsse, leicht geröstet und grob gehackt
- 4 Unzen bittersüße Schokolade, in 1/2-Zoll-Stücke geschnitten
- ¾ Tasse Sahne
- 2 Esslöffel Bailey's Irish Cream Likör
- 1 Esslöffel Puderzucker
- 2 Unzen Bittersüßschokolade, grob gehackt
- Warme Schokoladensauce

ANWEISUNGEN:
ESPRESSO-KUCHEN:
a) Stellen Sie einen Rost in das untere Drittel des Ofens und heizen Sie ihn auf 350 F vor. Buttern Sie eine quadratische 8-Zoll-Kuchenform leicht mit Butter. Die Pfanne mit Mehl bestäuben und den Überschuss ausklopfen.

b) Geben Sie den gemahlenen Espresso in eine Tasse oder kleine Schüssel. Das Wasser zum Kochen bringen und über das Espressopulver gießen. Lassen Sie den Boden 5 Minuten lang ziehen. Den Kaffee durch ein doppeltes Käsetuch abseihen.

c) ¼ Tasse Kaffee abmessen und beiseite stellen. Mehl, Natron und Salz mit einem Schneebesen kräftig verrühren.

d) Sieben Sie die Mischung auf ein großes Stück Wachspapier. In der 4½-Liter-Schüssel eines Hochleistungs-Elektromixers mit Rühraufsatz die Butter 1 bis 2 Minuten bei mittlerer Geschwindigkeit cremig schlagen.

e) Geben Sie nach und nach den Zucker hinzu, vermischen Sie ihn zwischen den Zugaben gut und kratzen Sie bei Bedarf die Seiten der Schüssel ab. Die Eier einzeln hinzufügen und verrühren, bis alles gut vermischt ist. Vanille und Sauerrahm hinzufügen. Bei niedriger Geschwindigkeit die Hälfte der Mehlmischung hinzufügen und verrühren, bis alles gut vermischt ist. ¼ Tasse Espresso hinzufügen und gut verrühren.

f) Die restliche Mehlmischung hinzufügen. Kratzen Sie den Teig in die vorbereitete Form und backen Sie ihn 25 bis 30 Minuten lang oder bis sich der Kuchen von den Seiten der Form löst und ein in die Mitte des Kuchens eingeführter Tester sauber herauskommt. Nehmen Sie die Pfanne aus dem Ofen und stellen Sie sie zum vollständigen Abkühlen auf einen Rost.

SCHOKOLADEN-CHUNK-MOUSSE:

a) Geben Sie die Schokolade in eine Küchenmaschine mit Metallmesser. 20 bis 30 Sekunden lang verarbeiten, bis es fein gemahlen ist. In einem kleinen Topf Milch, Zucker und Salz vermischen.

b) Bei mittlerer Hitze unter Rühren mit einem Holzlöffel kochen, bis sich der Zucker auflöst und die Milch kocht. Nehmen Sie die Pfanne vom Herd.

c) Fügen Sie den Vanilleextrakt und ¼ Tasse Bailey's hinzu. Gießen Sie bei laufendem Motor der Küchenmaschine die heiße Milch durch den Einfüllstutzen.

d) 10 bis 20 Sekunden lang verarbeiten, bis die Schokolade vollständig geschmolzen ist. Kratzen Sie die Schokoladenmischung mit einem Spatel in eine große Schüssel und lassen Sie sie etwa 5 Minuten lang abkühlen, bis sie lauwarm ist. In der 4-Liter-Schüssel eines Hochleistungs-Elektromixers mit Rühraufsatz die Mascarpone bei mittlerer bis niedriger Geschwindigkeit schlagen, bis sie weich ist.
e) Geben Sie nach und nach den Rest des Bailey's hinzu und kratzen Sie dabei nach Bedarf am Schüsselrand ab. Wechseln Sie zum Schneebesenaufsatz und schlagen Sie bei mittlerer Geschwindigkeit die Sahne hinein. Erhöhen Sie die Geschwindigkeit auf mittelhoch und schlagen Sie 2-3 Minuten lang weiter, bis sich beim Anheben des Schneebesens weiche Spitzen bilden.
f) Mit einem großen Gummispatel ein Drittel der Schlagsahnemischung unter die Schokoladenmischung heben, um sie aufzuhellen.
g) Die restliche Schlagsahne unter die Schokoladenmasse heben. Die gerösteten Nüsse und Schokoladenstücke unter die Mousse heben.

Den Kuchen zusammenbauen:
a) Legen Sie eine quadratische Pfanne mit einem Durchmesser von 20 cm mit Folie aus und lassen Sie auf zwei gegenüberliegenden Seiten der Pfanne einen Überstand von etwa 5 cm frei. Schneiden Sie den Kuchen mit einem langen, gezackten Messer horizontal in zwei gleich dicke Schichten.
b) Legen Sie die oberste Schicht mit der Schnittseite nach oben auf den Boden der Pfanne. Kratzen Sie die Mousse auf den Kuchenboden in der Form. Glätten Sie die Oberseite mit einem kleinen Kuchenspatel aus Metall. Legen Sie die zweite Schicht mit der Schnittseite nach unten auf die Mousse.
c) In der 4 ½-Liter-Schüssel eines Hochleistungs-Elektromixers mit dem Schneebesenaufsatz Sahne, Bailey's und Puderzucker mischen und bei mittlerer bis hoher Geschwindigkeit schlagen,

bis beim Anheben des Schneebesens mittelsteife Spitzen entstehen.

d) Mit einem kleinen Metallspatel die Oberseite des Kuchens mit der Schlagsahne bestreichen. Streuen Sie die Schokoladenstücke über die Schlagsahne.

e) Den Kuchen 6 Stunden oder über Nacht einfrieren. Den Kuchen aus dem Gefrierschrank nehmen. Heben Sie es aus der Pfanne, indem Sie die überstehenden Folienstücke als Griffe verwenden, und legen Sie es auf ein Schneidebrett, um es 30 Minuten lang zu temperieren.

f) Schneiden Sie mit einem scharfen Messer die vier Seiten des Kuchens ab und schneiden Sie ihn dann in acht 4 x 2 Zoll große Riegel. Auf Desserttellern mit warmer Schokoladensauce servieren.

98. Baileys irische Sahne-Mousse-Torte

Ergibt: 4 Portionen

ZUTATEN:
- 3 Eier, getrennt
- ¾ Tasse Bailey's Irish Cream
- 1 Tasse Walnussfleisch, gehackt
- ⅛ Teelöffel Salz
- 2 Tassen Kool-Whip
- 2 Esslöffel geraspelte Schokolade

ANWEISUNGEN:

a) Eigelb schlagen, bis es zitronenfarben ist. Salz und Bailey's hinzufügen. Im Wasserbad kochen, bis die Eigelbmischung eindickt.

b) Cool. Eiweiß steif schlagen. Ei-/Bailey's-Mischung, Eiweiß und ⅔ des Kool Whip mit einer Faltbewegung verrühren. Eine ¾ Tasse des Nussfleischs unterheben. In eine gebackene Tortenschale kratzen.

c) Mit dem restlichen Schlagsahne bedecken. Mit restlichem Nussfleisch und Schokoladenspänen bestreuen.

d) 4 Stunden einfrieren.

99. Baileys Schokoladenmousse

Ergibt: 6 Portionen

ZUTATEN:
- 2 Teelöffel geschmacksneutrale Gelatine
- 2 Esslöffel kaltes Wasser
- 1/4 Tasse kochendes Wasser
- 1/2 Tasse Zucker
- 2 Esslöffel Kakaopulver
- 1 1/2 Tasse Sahne, sehr kalt
- 1/2 Tasse Baileys Irish Cream sehr kalt
- 1 Teelöffel Vanille

ANWEISUNGEN

a) Gelatine über kaltes Wasser in einer kleinen Schüssel streuen; umrühren und 1 Minute stehen lassen, damit es weich wird.
b) Kochendes Wasser hinzufügen; rühren, bis sich die Gelatine vollständig aufgelöst hat. Zum Abkühlen stehen lassen.
c) Zucker und Kakao in einer großen Rührschüssel verrühren; Sahne hinzufügen.
d) Bei mittlerer bis hoher Geschwindigkeit schlagen, bis sich steife Spitzen bilden. Nach und nach die Baileys-, Vanille- und Gelatinemischung hinzufügen und dabei kontinuierlich mit hoher Geschwindigkeit schlagen, bis sich eine gute Mischung ergibt und sich weiche Spitzen bilden.
e) Zum Eindicken 5 Minuten stehen lassen.
f) In Servierschalen füllen und zum Abkühlen in den Kühlschrank stellen.
g) 1 Stunde oder bis zum Servieren kalt stellen.

100. Baileys Mousse mit Vanille-Pizzelle

Ergibt: 8 Portionen

ZUTATEN
- 1 Packung Instant-Vanillepudding
- 1,5 Tassen Baileys
- 1/2 Tasse Milch
- 1 Tasse Sahne
- Zimt
- Vanillepizzelle zum Garnieren

ANWEISUNGEN

a) Baileys, Milch und Instant-Pudding-Mischung verrühren. Für 10-15 Minuten in den Kühlschrank stellen

b) Sahne in die Rührschüssel geben und den Schneebesenaufsatz aufsetzen. Auf hoher Stufe schlagen, bis sich steife Spitzen bilden

c) Schlagsahne unter den Pudding heben. Nicht zu viel mischen, ein paar Streifen sind in Ordnung

d) Bis zum Erkalten in den Kühlschrank stellen

e) Mit Zimt bestäubt und mit ein paar Stücken Vanille-Pizzelle servieren

ABSCHLUSS

Mousses bestehen im Allgemeinen aus vier Komponenten – der Basis, dem Eierschaum, einem Festiger und Schlagsahne. Die Basis ist das Geschmackselement der Mousse und kann Fruchtpüree, Vanillepudding oder Ganache sein.
Eierschaum verleiht der Mousse Leichtigkeit und Volumen – am häufigsten werden italienisches Baiser oder Pâte á Bombe (aus Eigelb und gekochtem Zucker) verwendet. Das gebräuchlichste Fixiermittel ist Gelatine, obwohl Agar-Agar als vegetarischer Ersatz verwendet werden kann. Schließlich trägt Schlagsahne zur reichhaltigen, cremigen Textur einer Mousse bei.

www.ingramcontent.com/pod-product-compliance
Lightning Source LLC
Chambersburg PA
CBHW070655120526
44590CB00013BA/966